유래를 통해 배우는
초등 사회 6. 정치

그래서 이런 정치가 생겼대요

유래를 통해 배우는
초등 사회 6. 정치

그래서 이런 정치가 생겼대요

우리누리 글 | 김경호 그림

길벗스쿨

책머리에

    우리 함께 재미있는 퀴즈를 풀어 볼까요? 과연 아래의 ○○에 공통적으로 들어갈 말은 무엇일까요?

    ○○는 우리의 생활과 떼려야 뗄 수 없는 관계에 있어요.
    ○○는 우리 모두를 행복하게 만들기 위해 존재해요.
    ○○는 사람과 사람 사이에 일어나는 갈등을 해소해 줘요.
    ○○를 잘못하면 나라가 망할 수도 있어요.
    ○○는 거의 매일 텔레비전 뉴스에 등장해요.

    맞아요! 바로 정치예요. 이 정도면 정치가 얼마나 중요한지 더 말할 필요도 없겠지요?
    그런데 의외로 정치에 관심이 없는 어린이들이 많아요. "정치는 너무 어렵잖아요." "정치는 어른들만 하는 거잖아요."라고 말하곤 하지요.
    하지만 어린이들도 꼭 정치를 알아야 해요. 사람들이 함께 모여 살게 되면 여러 가지 갈등이 생겨나요. 이런 갈등을 조정하고 해결책을 찾는 것 역시 넓은 의미의 정치거든요.

　예를 들어 친구들끼리 말다툼이 벌어졌다고 생각해 보세요. 이때 여러분이 나서서 그 친구들이 싸우지 않도록 하는 것도 정치예요. "공부 안 하니?"라는 엄마의 잔소리를 매일 들으면 정말 짜증이 나지요? 이럴 때 좋은 말로 엄마를 설득해서 잔소리를 하지 않도록 하는 것 역시 정치예요. 어때요? 정치를 알면 생활하는 데 큰 도움이 되겠지요?

　이 책은 여러 정치 행위들이 왜 생겨났는지 그 이유를 쉽게 이해할 수 있도록 풀어 쓴 책이에요. 딱딱하지 않게 재미있는 이야기로 구성되어 있어 읽다 보면 정치가 더 흥미롭게 느껴질 거예요. 그리고 함께 실려 있는 만화를 보면 정치가 우리 생활과 얼마나 밀접한 관련이 있는지도 조금 더 쉽게 이해할 수 있을 거예요. 이 책을 읽고 조금이라도 정치에 관심을 가지게 된다면 더 바랄 게 없겠어요.

　자, 그럼 우리 모두 재미있는 정치의 세계로 풍덩! 빠져 볼까요?

글쓴이 *우리누리*

차례

1장
옛날옛적에는 이런 정치가 있었대요

- 012 국가 중대사를 왕 혼자 결정할 수 없어요 **고구려 제가 회의**
- 014 속옷도 신분에 따라 입어야 한다고요? **신라의 골품제**
- 016 폐하, 비가 올 때까지 기우제를 드리시옵소서 **기우제와 민심 달래기**
- 018 이차돈은 정말 흰 피를 흘리며 죽었을까요? **불교 공인과 왕권 강화**
- 020 백성들의 억울함을 풀어 주었다고? **신문고**
- 022 조선 시대에도 주민 등록증이 있었대요 **호패법**
- 024 특산물 대신 쌀로 세금을 거둬라 **대동법**

- 026 출신에 상관없이 훌륭한 인재를 뽑아라 **과거 제도**
- 028 신하들의 말을 들으시옵소서 **경연**
- 030 전하, 그러시면 아니 되옵니다 **상소**
- 032 탐관오리들을 은밀히 잡아들여라 **암행어사 제도**
- 034 훈구파와 사림파의 한판 승부 **붕당 정치**
- 036 세금이 너무 많아 농민들이 살 수가 없어요 **동학 농민 운동**
- 038 차라리 내 목을 잘라라 **단발령**

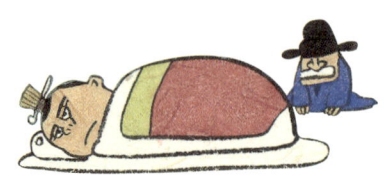

2장
초등학생이 꼭 알아야 할
역사 속 정치

- **042** 중세 유럽에서는 교회가 정치를 했어요 **교황 정치**
- **044** 왕이 마음대로 나라를 다스려요 **전제 군주제**
- **046** 프랑스 시민 혁명은 왜 일어났나요? **군주제와 공화제**
- **048** 영국에서 처음 탄생한 **입헌 군주제**
- **050** 시민 모두가 한데 모여 정치를 한다면? **직접 민주주의**
- **052** 도자기 조각으로 독재자의 탄생을 막아요 **아테네의 도편 추방제**
- **054** 국가로 인정받으려면 세 가지 조건이 필요해요 **국가의 3요소**
- **056** 국민의, 국민에 의한, 국민을 위한 **민주주의 정신**
- **058** 국가 권력이 한곳으로 집중되는 것을 막아야 해요 **삼권 분립**
- **060** 두 정당이 정치를 이끌어 가는 미국 **양당제**
- **062** 국회가 중심이 되어 나랏일을 해요 **의원 내각제**
- **064** 국민들이 나라의 주인이에요 **민주주의**
- **066** 군인 출신 대통령이 제멋대로 권력을 휘둘렀어요 **군사 독재**
- **068** 우리나라가 남북으로 나뉜 사연 **신탁 통치**
- **070** 함께 생산하고 함께 소유해요 **공산주의**
- **072** 내 나라를 위해서는 무엇이든 희생시킬 수 있다 **파시즘**
- **074** 프랑스에서 처음 사용한 **좌익과 우익**
- **076** 흰 고양이든 검은 고양이든 쥐만 잘 잡으면 돼 **중국의 개방 정책**
- **078** 후보는 한 명인데, 공개 투표를 한다고요? **북한의 선거와 투표**

초등학생이 꼭 알아야 할
민주주의 정치 제도

- **082** 보통, 평등, 직접, 비밀 **선거의 기본 원칙**
- **084** 공정한 선거를 위해 생겼어요 **선거 관리 위원회**
- **086** 국민들이 직접 대통령을 뽑아요 **대통령 직선제**
- **088** 돈이 없어도 선거에 출마할 수 있어야 해요 **선거 공영제**
- **090** 너무 일찍 선거 운동을 하면 안 돼요 **선거 운동 기간**
- **092** 공약을 어떻게 실현할지 말해 주세요 **매니페스토**
- **094** 우리 모두를 위한 정치를 해 주세요 **정치 후원금 제도**
- **096** 같은 뜻을 펼치기 위해 모였어요 **정당**

- **098** 대통령을 배출한 당을 여당이라고 해요 **여당과 야당**
- **100** 대통령이 하는 일은 너무 많아요 **대통령**
- **102** 미국의 부통령, 우리나라의 국무총리 **국무총리**
- **104** 나라 살림을 꾸려 가는 기관들이 모여 있어요 **행정부**
- **106** 법 앞에서는 모두가 평등해요 **사법부**
- **108** 국회 의원은 100일 동안만 일을 하나요? **국회**
- **110** 후보자에게 한 표, 정당에 한 표 **국회 의원 선거**

- **112** 국회 의원은 특별한 권리를 가져요 **면책 특권·불체포 특권**
- **114** 중요한 안건일 때 직접 사람을 불러서 들어봐요 **국회 청문회**
- **116** 많은 혜택을 받으며 정책을 실현해 갈 수 있어요 **교섭 단체**
- **118** 우리 고장을 위해 일해요 **공공 기관**
- **120** 각 지역 실정에 맞는 정치를 해요 **지방 자치 제도**
- **122** 어떤 지역에서는 왜 한 정당만 당선될까요? **지역감정**
- **124** 우리 동네에는 무조건 안 돼요 **님비 현상**
- **126** 정부가 한 일을 검사하고 감시해요 **국정 감사**
- **128** 온라인으로 정치에 참여할 수 있어요 **전자 민주주의**
- **130** 대통령의 임기가 얼마 남지 않았어요 **레임덕 현상**

- 132 나라 살림살이를 위해서 세금을 내요 **세금**
- 134 무역 장벽도 없애고 관세도 없애고 **자유 무역 협정(FTA)**
- 136 국민 고충을 해결해 줘요 **옴부즈맨**
- 138 해외에서 우리 국민을 보호하고 감독해요 **대사관**
- 140 스포츠로 우리나라 위상을 높여요 **스포츠 외교**
- 142 스스로 모여 모두를 위해 일해요 **시민 단체**
- 144 자신들의 이익을 위해 일하는 모임이에요 **이익 단체**
- 146 많은 사람들이 옳다고 생각하는 방향 **여론**
- 148 누가 당선될지 예측해 볼 수 있어요 **여론 조사**
- 150 국민들에게 진실을 전해 주어야 해요 **언론**

4장
전 세계인이 알아야 할 지구촌 정치

- 154 한반도 핵전쟁을 막아야 해요 **6자 회담**
- 156 배고픈 북한 사람들을 도와요 **대북 지원**
- 158 전쟁 없이 모두가 잘사는 세상을 위하여 **국제 연합**
- 160 한 나라라도 반대하면 통과시킬 수 없어요 **안전 보장 이사회**
- 162 아군과 적군을 가리지 않고 부상자를 치료해요 **적십자**
- 164 유럽의 나라들이 한 나라처럼 지내요 **유럽 연합**
- 166 전 세계 모든 어린이가 행복해야 해요 **국제 연합 아동 기금**
- 168 독도를 자기네 땅이라고 우기면 안 돼요 **일본의 역사 왜곡**
- 170 고구려가 중국의 나라였다고요? **중국의 역사 왜곡**
- 172 어린이들도 정치에 참여할 수 있어요 **반크**
- 174 국민을 못살게 구는 독재자는 쫓겨나요 **이집트 민주화 운동**

부록 행정부의 기능과 역할

1장

옛날옛적에는 이런 정치가 있었대요

고구려 제가 회의
신라의 골품제
기우제와 민심 달래기
불교 공인과 왕권 강화
신문고
호패법
대동법

과거 제도
경연
상소
암행어사 제도
붕당 정치
동학 농민 운동
단발령

국가 중대사를 왕 혼자 결정할 수 없어요
고구려 제가 회의

옛날 삼국 시대 때 이야기예요. 어느 날 고구려 왕은 부족장들이 제가 회의를 열었다는 소식을 듣고 신하에게 물었어요.

"우리 영토에 침입한 한나라에 어떻게 맞서 싸울지 논의하고 있다면서?"

"예, 다섯 부족의 족장들이 모여 몇 시간째 회의를 계속하고 있습니다."

"쉽게 결정이 나지 않는 모양이군."

"한나라가 우리의 군사력을 얕보고 있으니 맞서 싸우자는 주장과 그래선 안 된다는 주장이 팽팽히 맞서고 있다고 하옵니다."

얼마 후, 회의가 끝나자 부족장들이 왕에게 왔어요.

"폐하, 회의 내용을 고하러 왔나이다."

"오, 제가 회의의 결정은 무엇이오?"

제가 회의의 대표인 국상이 말했어요.

"한나라 군사들은 식량까지 싣고 먼 길을 와서 전쟁을 벌이는 것이기 때문에 오래 싸우기 힘들 것입니다. 성 밖의 식량을 모두 성 안으로 옮기고 방어하면 한 달도 못 되어 적은 굶주려 돌아갈 것입니다."

"과연 좋은 생각이오. 성 밖의 식량과 백성들을 모두 성 안으로 들이고 적이 쉽게 쳐들어오지 못하게 성 주위에 도랑을 파도록 하시오."

이렇게 적이 지치고 굶주려 스스로 물러나기를 기다리는 작전으로 고구려는 마침내 막강한 한나라 군대를 물리치고 전투에서 승리할 수 있었답니다.

옛날에는 왕이 자기 마음대로 정치를 했을 거라고 생각하는 사람들이 많지만, 실제로는 국가의 여러 중대사를 왕 혼자 결정할 수 없었어요. 고구려의 제가 회의처럼 귀족들이 모여 나랏일을 함께 논의하던 최고 회의 기관들을 두고 있었지요. 고구려는 다섯 부족이 연합하여 세운 나라예요. 그래서 각 부족의 우두머리들은 제가 회의를 통해 전쟁, 외교, 왕위 계승, 그 밖의 국가 중대사를 함께 의논해 결정했지요.

 화백 회의와 정사암 회의

삼국 시대, 신라의 화백 회의와 백제의 정사암 회의도 나라의 중대사를 결정하고 왕권을 견제하기 위한 귀족 회의였어요.

속옷도 신분에 따라 입어야 한다고요?
신라의 골품제

"요즘 신분 질서가 어지럽다고 하던데, 사실이오?"

신라 흥덕왕의 질문에 한 신하가 말했어요.

"당나라와 교류가 활발해지면서 비단과 장신구의 수입이 부쩍 늘고 있사옵니다."

"그것이 신분 질서가 어지러워진 것과 관련이 있다는 말이오?"

"예, 요즘 들어 신분 낮은 사람들이 법을 어기고 몰래 좋은 옷과 사치품을 구해 쓰는 일이 많은 까닭이옵니다."

"뭐라고? 신분에 걸맞지 않게 사치를 하고 외래품만 좋아한단 말이군. 당장 자기 신분에 맞게 살도록 교서를 내리겠소."

교서는 왕이 신하와 백성들에게 내리는 문서예요. 흥덕왕은 이 교서에 골품제에 따라 입을 수 있는 옷을 아주 자세하게 정해 놓았어요.

'성골 여자 이외에는 공작 꼬리로 수놓은 목도리를 두르면 안 된다. 진골 여자는 겉옷으로 모직이나 수놓은 비단을 입으면 안 된다. …… 4두품 여자는 속옷을 작은 무늬 능직물보다 좋은 천으로 만들어 입으면 안 된다. …… 평민은 명주로 짠 옷만 입어야 하고, 속옷은 거친 견직과 명주로만 만들어 입어야 한다.'

그뿐 아니라 집의 크기, 가질 수 있는 말의 수, 오를 수 있는 벼슬 등도 엄격하게 정해 놓고, 모든 신라인들이 이를 따르도록 했어요.

신라는 여러 부족들이 함께 세운 나라예요. 신라 왕실은 부족장들을 도읍인 경주로 불러들여 귀족으로 삼아 등급을 정해 주고 등급별로 여러 가지 특권을 주었어요. 이렇게 생겨난 신라의 신분 제도가 골품제예요. 그래서 신라에서는 아무리 능력이 있어도 골품제를 뛰어넘을 수 없었지요. 골품에 따라 왕이나 관리가 되어 정치에 참여할 수 있는 신분이 정해져 있고, 등급마다 올라갈 수 있는 관직도 제한되었으니까요.

 성골과 진골

성골과 진골은 신라 골품제에서 최고 신분에 해당해요. 성골은 왕위에 오를 수 있는 신분이고, 귀족들 중 최고 지위인 상대등에는 진골만이 오를 수 있었지요. 하지만 훗날 대가 끊겨 성골이 사라지자 진골도 왕위에 오를 수 있게 되었어요.

폐하, 비가 올 때까지 기우제를 드리시옵소서
기우제와 민심 달래기

　신라 진평왕 50년 여름에 큰 가뭄이 들었어요. 그러자 왕과 신하들은 대책을 마련하기 위해 골몰했어요.

　"폐하! 벌써 다섯 달째 지독한 가뭄이 계속되고 있사옵니다."

　"어허, 이 일을 어찌할꼬?"

　"가뭄이 이대로 계속되다가는 농작물이 큰 피해를 입고, 우물도 말라 민심이 흉흉해질까 걱정이옵니다."

　백성들의 살림이 곤궁해지면 인심이 나빠지고 범죄가 늘어나 나라를 다스리기가 어려워질 것이 뻔했어요. 거기다 돌림병이라도 생겨나면 이만저만 큰 문제가 아니지요.

"하늘에 기우제를 드릴 터이니 준비를 하라."

왕은 하늘에 비를 바라는 제사를 올렸어요. 그러나 기우제를 올리고도 비는 끝내 내리지 않았어요.

"지난 번 지낸 기우제로도 하늘이 노여움을 풀지 않으시는구나. 오늘부터는 아예 초가집에 머물면서 하늘에 기도를 드리도록 하겠다."

왕은 음식마저 끊고, 더욱 정성을 다해 매일같이 하늘에 기도를 올렸어요. 당시 사람들은 비가 안 오는 건 왕이 잘못했기 때문이라고 생각했거든요.

기우제를 올리는 것은 고대 왕들에게 있어 매우 중요한 정치적 활동이었어요. 대부분의 사람들이 농사를 짓지 않으면 먹을 것을 얻을 수 없었던 시절, 사람들에게 가장 중요한 것은 바로 물이었어요. 제때에 비가 얼마나 오느냐에 따라 그해 농사가 결정되었으니까요. 가뭄이 들어 농사를 망치면 민심까지 흉흉해졌지요. 기우제를 지낸다고 꼭 비가 오는 건 아니라고 해도, 왕이 밥까지 굶으며 기도하면서 백성의 고통을 함께하려 한다면 민심은 좀 달랠 수 있지 않았을까요?

요즘도 경제 상황이 안 좋으면 정치인들이 재래시장이나 공장 등을 찾아 서민들을 만나잖아요. 그런 것처럼 고대의 정치인들도 민심을 달래기 위해 하늘에 기우제를 드렸던 거예요.

이차돈은 정말 흰 피를 흘리며 죽었을까요?
불교 공인과 왕권 강화

　신라 시대, 법흥왕은 신라를 강한 나라로 만들고 싶었어요. 그래서 나라를 다스리는 데 필요한 법과 규범을 정하여 발표하고 백성들의 마음을 하나로 모으려 애썼지요. 그러나 그러기에는 왕의 힘이 약해서 육부의 눈치를 보아야 했어요. 당시 신라는 '육부'라고 불리는 여섯 개 집단의 연합으로 이루어져 있었는데, 이 육부의 우두머리를 비롯한 귀족들이 모여 함께 의논하며 정치를 해 나가고 있었지요.

　'어허, 내 마음대로 정치를 할 수 없으니 참 힘들구나. 불교를 국교로 세우고 싶어도 귀족들이 반대하니 뜻을 이룰 수가 없어. 아! 불교를 나라의 종교로 세울 수만 있다면 백성들의 마음도 하나로 모을 수 있을 텐데……."

당시 신라 귀족들은 하늘을 숭배하고 스스로를 하늘의 자손으로 여기는 고유의 천신(天하늘 천, 神신 신) 신앙을 가지고 있어 불교를 받아들이지 않으려고 했어요.

그런데 얼마 후, 이차돈이라고 하는 한 하급 관리가 천신을 모시는 천경림이라는 숲에다 부처님을 모시는 절을 짓는 사건이 벌어졌어요.

"천신을 모시는 숲에다 절을 지은 이차돈에게 큰 벌을 내리셔야 합니다."

사실 법흥왕은 이차돈을 몹시 아꼈지만 귀족들의 압력에 하는 수 없이 이차돈의 목을 베라고 명령을 내렸어요. 그런데 놀라운 일이 벌어졌어요.

"엇, 이럴 수가! 잘린 목에서 흰 피가 솟구치다니!"

이 모습을 본 귀족들은 마침내 불교를 인정하게 되었고 왕의 뜻에도 따르게 되었어요. 이차돈의 순교 덕분에 법흥왕은 불교를 앞세워 왕의 힘을 강하게 만들 수 있었답니다.

고대의 왕들은 왕권이 강해지면 정치를 좀 더 잘할 수 있을 거라 생각했어요. 당시엔 왕이라고 해도 귀족들 반대에 부딪혀 뜻을 펴지 못하는 경우가 많았거든요. 그래서 왕이 곧 부처라고 생각하던 불교를 내세워 왕권을 강화하려고 했던 거예요. 실제로 신라뿐 아니라 고구려와 백제에서도 불교를 받아들이면서 왕권 중심 정치가 자리 잡기 시작했었어요.

 **불교**

불교가 우리나라에 들어온 것은 고구려, 백제, 신라 삼국이 국가의 틀을 잡기 시작한 4세기경이에요. 신라는 삼국 가운데 가장 늦게 불교를 받아들였어요.

백성들의 억울함을 풀어 주었다고?
신문고

　조선 태종 때부터, 왕이 백성들의 사정을 직접 듣고 문제를 해결해 주기 위해 궁궐 밖에 신문고라는 북을 걸어 놓았어요. 그런데 신문고만 치면 정말 임금님이 나와서 백성들의 억울함을 풀어 주었을까요?

　"나리! 지가유, 정말 억울혀서 그러는디유, 신문고를 쳐서 이 원통한 일을 임금님에게 알려야 하겠구먼유."

　돌쇠가 가슴을 치며 신문고가 걸려 있는 의금부의 문지기에게 말했어요. 그러자 문지기가 호통을 쳤어요.

"어허, 이놈 봐라. 신문고를 치려면 절차를 밟아야지. 우선 네가 살고 있는 고장의 수령에게 확인서부터 받아 오너라."

"무슨 확인서유?"

"이런 답답한 놈이 있나. 억울한 일을 당했다는 확인서 말이다."

"수령에게 확인서만 받아 오면 되는감유?"

"아니, 수령에게 확인서를 받은 다음에는 도 관찰사를 찾아가 다시 확인서를 받아 와야 한다. 그런 다음 서울에 있는 사헌부에 가서 또 확인서를 받아야 하지. 이렇게 확인서 세 장을 의금부 관리에게 보여 주고 나서 의금부 관리가 허락하면 그때 신문고를 칠 수 있다."

"나리! 만약 그런 절차를 밟지 않고 신문고를 치면 어떻게 되는감유?"

"아주 엄한 벌을 받지."

조선 시대에 백성들이 왕에게 자신의 억울함을 알릴 방법은 거의 없었어요. 신문고 제도가 있었다지만, 신문고로 문제를 해결하는 건 낙타가 바늘구멍으로 들어가는 것만큼이나 어려웠지요. 절차가 복잡한 데다 신문고를 칠 수 있는 일도 정해져 있었거든요. 주인이나 수령을 고발하는 일에는 칠 수 없고, 목숨과 관계되는 범죄나 누명, 반역 사건, 노비의 소유권을 둘러싼 다툼 등이 있을 때만 칠 수 있었어요. 이런 탓에 평민이나 노비, 지방에 사는 사람들에겐 정작 사용 기회가 거의 없었다고 해요.

 격쟁

격쟁은 16세기 중에 새롭게 탄생한 제도예요. 왕이 궁 밖으로 나왔을 때 꽹과리나 북을 쳐서 왕의 시선을 끈 다음, 자신의 억울함을 호소하는 방법이에요.

조선 시대에도 주민 등록증이 있었대요
호패법

조선 태종 때 이야기예요.

"전하, 강원도 태백에 산적이 들끓고 있다고 합니다."

"무슨 특별한 이유라도 있다더냐?"

"가난을 이기지 못한 백성들이 산적이 되는 경우가 많다고 합니다."

"그래? 태백의 백성 가운데 몇이나 산적이 되었다더냐?"

"그, 그게……. 아직 백성이 몇이나 되는지 파악하지 못하고 있습니다."

"뭣이라고? 나라에서 백성이 얼마인지도 모르고 있단 말이냐?"

태종은 화를 내며 신하들에게 명령을 내렸어요.

"지금 당장 백성들이 몇이나 되는지 쉽게 알 수 있는 방법을 찾아라."

"네, 전하!"

얼마 후, 신하들이 태종에게 아뢰었어요.

"백성들에게 관청에서 확인 받은 호패를 차고 다니도록 하면 되겠습니다. 백성의 수를 정확하게 알 수 있고, 사는 곳에서 함부로 이동하는 것도 막을 수 있을 것이옵니다. 그리고 병사를 뽑거나 나라에 필요한 공사에 일꾼으로 동원하기에도 좋을 것이옵니다."

"오, 그렇군! 지금 당장 조선 백성 가운데 열여섯 살 이상인 남자들은 모두 호패를 차고 다니도록 법을 만들라."

호패는 조선 시대의 신분증으로 오늘날의 주민 등록증과 비슷한 역할을 했어요. 옛날에도 국가에서는 나라 살림을 하기 위해 백성들에게 세금을 거뒀고, 또 나라를 지키기 위해 군대도 만들었지요. 호패가 없을 때에는 누가 세금을 냈고, 누가 군대에 갔는지 분명하게 알 수 없었어요. 그러므로 조선 시대 호패란 백성들에게 세금을 걷고 군역을 지우기 위해 만든 제도인 거예요. 하지만 가난한 백성들이 세금과 군역을 감당하기 힘들어 노비로 전락하는 일도 생겼답니다.

 **호패**

호패는 여자와 어린아이를 제외하고, 16세 이상의 모든 남자가 차야 했어요. 신분에 따라 적는 내용도 달랐어요. 관리는 관직과 이름, 태어난 때 등을 적고, 노비는 이름 이외에도 주인의 이름, 주소, 신체적 특징까지도 적었다고 해요.

특산물 대신 쌀로 세금을 거둬라
대동법

"아이고, 정말 큰일 났네. 내일모레까지 나라에 공납을 바쳐야 하는데."

대구에 사는 김 서방은 사과나무를 올려다보며 깊은 한숨을 내쉬었어요.

"올해는 장마도 길고 며칠 전 태풍까지 불어 사과 농사를 다 망쳤는데. 나라에 바칠 사과가 없으니, 이 일을 어쩐다……."

조선 시대에는 각 지방의 특산물을 나라에 바치는 공납이라는 제도가 있었어요. 그런데 문제가 아주 많았어요. 날씨에 따라서 해마다 수확량은 달랐는데 언제나 같은 양을 정해진 날짜까지 바쳐야 했거든요.

공납을 낼 수 없게 된 김 서방은 세금 걷는 관리를 찾아갔어요.

"나리, 올해는 사과 농사를 망쳐 공납을 내지 못할 것 같습니다."

"그래? 그럼 내가 특산품을 대신 내주마. 대신 그 대가로 이자를 내야 한다는 건 잘 알고 있겠지?"

하지만 공납을 대신 내주는 대가로 관리들이 챙겨 가는 이자는 매우 높았고, 결국 백성들은 빚더미에 올라앉는 경우가 많았지요. 그러자 나라에서는 이 문제를 해결하기 위해 회의를 열었어요.

"전하, 앞으로는 공납을 특산품보다는 쌀로 걷는 게 좋을 듯합니다. 지역마다 다른 특산품으로 걷는 것이 불공평하기도 하고 수송과 저장에도 문제가 많습니다. 그런데 모든 백성이 쌀로 공납을 내면 그런 문제도 해결될 뿐만 아니라 전쟁이 일어났을 때 군대의 양식을 조달하기도 쉽습니다."

그 후 조선에서는 특산품 대신 쌀로 세금을 거두는 대동법을 시행하게 되었어요.

나라에서 특산물 대신 거둬들인 쌀을 대동미라고 했고, 대동미를 관리하던 관청은 선혜청이었어요. 대동법으로 인해 토지가 많은 사람은 세금을 많이 내고, 적은 사람은 적게 내게 되었어요. 그리고 쌀이나 돈으로 물물 교환이 이루어지면서 상업도 발달하기 시작했답니다.

 조선 시대 백성의 3대 의무

전세 : 나라 땅에서 농사를 짓는 대가로 나라에 세금을 내야 한다.
군역 : 16세에서 60세까지의 건강한 남자는 나라가 필요로 할 때 군인이 되어야 한다.
공납 : 각 지방의 특산물(대동법 이후엔 쌀)을 나라에 바쳐야 한다.

출신에 상관없이 훌륭한 인재를 뽑아라
과거 제도

고려 시대에는 부모가 관직이 높으면 그 자식도 저절로 벼슬에 오를 수 있었어요. 하지만 조선을 새로 세운 신진 사대부들은 지체 높은 가문에 태어났다고 해서 손쉽게 벼슬에 오르는 것은 공평하지 못하다고 생각했어요.

"이제는 공정한 시험을 통해 실력 있는 사람을 관리로 뽑아야 합니다."

신진 사대부들의 의견에 왕도 찬성했어요.

"그게 좋겠소. 출신에 상관없이 실력 있는 인재를 뽑아 나라를 이끌도록 해야 조선이 발전할 수 있을 것이오."

오로지 과거로만 인재를 뽑게 되자, 정치에 뜻이 있는 남자들은 머리를 싸매고 학문에 전념해야 했어요.

"김 진사 어른, 올해도 과거 시험 보시나요?"

진사는 1차 과거 시험인 '소과'에 합격한 사람들을 가리키는 호칭이에요.

"어허, 그럼 당연하지. 남자로 태어나서 과거에 급제하지 못한다면 어디 얼굴을 들고 다닐 수가 있나. 내 이번엔 반드시 장원을 하고 말게야."

며칠 후, 김 진사는 한양에 있는 과거 시험장에 도착했어요. 전국에서 올라온 수많은 사람들로 발 디딜 틈조차 없었어요.

"에헴, 모두 들으시오."

안내를 맡은 사람이 과거 시험에 대해 설명을 해 주었어요.

"오늘은 '대과'를 보는 날이오. 대과는 1차, 2차, 3차 시험으로 나뉘는데, 응시생 가운데 최종적으로 33명을 뽑습니다. 그중 일등이 바로 '장원'이오."

김 진사는 소과에 합격한 지 오래였지만, 이번에도 대과에는 떨어지고 말았어요. 이제 삼 년 후에나 있을 다음 과거를 기약하며 터덜터덜 고향으로 내려갔답니다.

국가와 사회가 발전하려면 훌륭한 인재를 잘 가려 뽑아 능력을 충분히 발휘하도록 하는 일이 매우 중요해요. 그런데 고려 말, 막강한 권력을 가지고 있던 권문세족들은 대대로 자식들에게 높은 지위와 벼슬자리를 물려주었어요. 조선이 세워지고 과거 제도가 시행되자 출신보다 능력으로 벼슬에 오르게 되었고, 귀족들의 특권이 줄어든 만큼 왕권이 강해졌어요.

신하들의 말을 들으시옵소서
경연

조선 시대 왕의 하루 일과를 이야기할 때 절대 빼놓을 수 없는 것이 바로 경연이에요. 왕은 매일 아침, 잠에서 깨자마자 부모님께 문안을 드리고 곧바로 경연에 참가해야 했어요.

"전하, 오늘 아침 경연의 주제는 《논어》입니다."

경연은 학식이 높고 똑똑한 신하들이 왕에게 유학의 경서를 강론하면서 학문과 역사를 가르쳐 주는 자리예요. 정치를 잘하려면 왕이라도 끊임없이 능력을 익히고 학문을 갈고닦아야 했으니까요.

아침 경연이 끝나면 영의정, 좌의정, 우의정 등 나랏일을 맡아서 하는 관리들과 자연스럽게 모여 회의를 했어요.

"전하, 요즘 흉년이 들어 백성들이 큰 고통을 당하고 있사옵니다."

"우선 창고에 쌓아 둔 곡식을 백성들에게 나눠 주는 게 좋을 거 같은데, 경들의 생각은 어떠시오?"

"전하, 제 생각에는 당분간 세금을 줄이는 게 좋을 것 같사옵니다."

"오, 그것도 좋은 방법이오."

조선 시대 왕들은 이렇듯 아침저녁으로 경연을 했어요. 세종은 왕의 자리에 있는 동안 하루도 빠짐없이 아침저녁으로 경연을 했고, 성종은 하루에 세 번이나 경연을 열었다고 해요.

경연을 통해 왕은 유학의 경서를 공부할 뿐만 아니라 신하들과 토론을 벌여 생각을 나누고, 나라를 이끌어 나갈 방법을 함께 찾곤 했어요. 왕은 평소에 궁금했던 것을 묻기도 하고, 올바른 정책을 마련하기 위해 힘썼어요. 또 신하들은 경연에서 자신들의 생각을 왕에게 알렸어요. 왕이 잘못한 것이 있으면 바로잡도록 의견을 내기도 하고, 독재 정치를 하지 못하도록 견제하는 역할도 했답니다.

경연

경연은 원래 중국 송나라에서 시작된 제도예요. 경연이 처음 우리나라에 들어온 건 고려 시대였어요. 이후 조선 시대에서는 그 제도를 고쳐 조선만의 독특한 경연 제도로 만들었어요.

전하, 그러시면 아니 되옵니다
상소

　조선 시대 진주에 강응룡이라는 선비가 있었어요. 별명이 '상소광'이었는데, 무슨 일이든 가리지 않고 상소를 너무 많이 올리는 통에 골치 아프다는 뜻으로 붙은 별명이지요. 상소란 국가 정책 등에 대해 자신의 의견을 왕에게 직접 적어 올리는 글이에요. 그런데 강응룡의 수많은 상소 중 그나마 제대로 올린 하나 덕에 성균관에 큰 변화가 일어난 일이 있었어요.

　"나리, 소를 그 가격에 팔 수 없습니다요."

　"안 되긴 뭐가 안 돼. 성균관 유생들이 먹을 것이니 기쁜 마음으로 팔게."

이 실랑이를 지켜보던 강응룡이 소 주인에게 물었어요.

"저 사람 왜 팔기 싫다는 소를 억지로 팔라고 우기는 거요?"

"아이고, 말도 마십시오. 성균관 유생들 밥상에 올려야 한다며 저럽니다요. 하지만 헐값에 소를 사서 비싸게 팔아먹는 장사치인 줄 누가 모를까 봐."

"그게 정말이오? 이런 나쁜 사람들이 있나! 그것도 그렇고 백성은 굶주리고 있는데 성균관 유생들 밥상엔 매일 소고기가 오른단 말인가……."

강응룡은 곧 상소를 올렸어요.

"전하! 장차 나라를 이끌어 갈 성균관 유생들을 나라에서 대접하는 일은 옳은 일이오나, 유생들의 밥상에 날마다 소고기 반찬이 오르는 건 잘못된 일이라고 생각합니다. 성균관 유생의 숫자가 300명에 달하는데, 허구한 날 고기반찬을 올리면 어디 백성들의 소가 남아나겠습니까?"

강응룡의 상소를 받아 본 왕은 당장 명령을 내렸어요.

"강응룡의 상소 내용이 옳다! 오늘부터 성균관 유생들의 밥상에 고기반찬을 금하라."

이렇게 해서 그 후로 성균관에서는 고기를 먹지 않게 되었다고 해요.

요즘은 누구나 민원을 통해 행정 기관에 자신이 원하는 바를 전달할 수 있듯이, 조선 시대 지방에 사는 유생이나 선비들은 자신의 생각을 적은 상소를 왕에게 올리는 방식으로 정치에 참여했어요.

 **성균관**

성균관은 조선 시대 최고의 교육 기관이었어요. 엄격한 기숙 생활을 하였고 음식과 생활품, 노비까지 나라에서 지원해 주었어요.

탐관오리들을 은밀히 잡아들여라
암행어사 제도

'한양의 벼슬아치들도 나쁜 짓을 많이 하는데, 왕의 손길이 미치지 않는 지방의 벼슬아치들은 오죽할까?'

조선 시대 중종은 어떻게 하면 부패한 지방 벼슬아치들을 견제할 수 있을지 궁리했어요. 그러다 아주 좋은 생각을 해냈지요.

"그래, 암행어사 제도를 만들면 되겠구나."

암행은 어떤 목적을 위해 자신의 신분을 숨기고 다니는 것을 말해요.

중종은 쥐도 새도 모르게 이몽량을 궁으로 불러 암행어사로 임명했어요.

그리고 나지막한 목소리로 속삭였어요.

"자네를 암행어사로 임명하노라. 이 봉투와 마패를 받게. 어디를 가든 이 마패를 보이면 말을 사용할 수 있을 것이네."

어사 이몽량이 봉투를 뜯어보려고 하자 중종이 급히 말렸어요.

"어허, 그 봉투에는 자네의 임무가 적혀 있네. 이 모든 일을 은밀히 진행해야 하네."

이몽량은 그제야 봉투에 '남대문 밖에 나가 뜯어보시오.'라고 쓰인 글을 발견했어요.

궁을 나온 암행어사 이몽량은 자신의 신분을 아무도 알아차리지 못하도록 낡고 볼품없는 차림으로 갈아입었어요. 그리고 곧장 경상도 진주로 내려갔어요. 그 지방 사또가 나쁜 짓을 저지르고 있다는 정보를 받았거든요.

진주 지방에 내려가 사또의 행패를 직접 눈으로 목격한 이몽량은 별안간 이렇게 외쳤어요.

"암행어사 출두야! 저 탐관오리들을 몽땅 잡아들여라."

조선 시대 암행어사의 힘은 대단했어요. 암행어사는 왕의 특별 명령을 받아 못된 관리들을 벌하는 사람이기 때문에 누구도 감히 맞서지 못했지요.

조선 시대에는 교통과 통신이 발달하지 않았어요. 그래서 지방 벼슬아치들이 백성들을 위해 정치를 잘하고 있는지 알기 어려웠어요. 암행어사는 백성들을 직접 만나고 살펴 지방 벼슬아치들이 정치를 얼마나 잘하고 있는지 알아봤어요. 그리고 왕에게 자신이 알아낸 정보를 보고했지요. 요즘은 대통령 직속 기관인 감사원이 조선 시대 암행어사와 같은 역할을 하고 있어요.

훈구파와 사림파의 한판 승부
붕당 정치

조선 성종 시절, 단종을 내쫓고 세조가 왕위에 오르는 데 공을 세운 신하들이 계속 권력을 잡고 있을 때였어요.

"푸하하, 대감! 조선의 정치는 이제 모두 우리 손안에 있습니다."

"왜 아니 그렇겠습니까? 높은 관직은 모두 우리 훈구파가 독차지하고 있으니까요. 게다가 토지와 노비도 넘쳐 나니 부러울 게 없습니다."

"맞습니다. 임금도 우리 훈구파의 세력을 무시하지 못할 겁니다."

훈구파의 세력이 점점 세어지는 것을 걱정하던 성종이 한 신하에게 물었어요.

"훈구파를 견제할 방법이 없겠는가?"

"전하, 사림파를 관직에 등용하시는 게 어떨까요?"

사림은 조선이 세워질 때 이성계에 반대해 관직에 오르지 않았던 사람들의 후손이에요.

"사림파들은 지방에서 세력을 키워 오고 있습니다. 이들을 관직에 등용하시면 훈구파의 세력을 견제할 수 있을 겁니다."

이렇게 해서 관직에 오른 사림파는 세력을 넓혀 가며 훈구파를 압박했어요. 결국 훈구파와 사림파는 붕당이라는 정치 세력을 이루고 치열하게 다툼을 벌이며 서로를 공격했지요. 그러나 성종이 죽자 많은 사림파 관리들이 훈구파의 계략에 빠져 목숨을 잃게 되었어요. 이를 '사화'라고 해요. 사화는 여러 차례 일어났고, 여기서 밀려난 사림파들은 지방으로 내려가 학문과 교육에 힘쓰며 묵묵히 힘을 길렀어요. 그러다 선조 때 훈구파를 몰아내고 권력을 쥐게 되었어요.

조선 시대, 붕당끼리의 경쟁이 심해지면서 많은 사람이 목숨을 잃고 정치는 혼란에 빠졌어요. 요즘도 정당들은 서로 정치 권력을 잡기 위해 치열한 경쟁을 하고 있어요. 그러나 도를 넘어선 정당 간의 비방과 경쟁은 경계해야 해요. 지나치면 국민을 위한 정치를 하지 못하고 나라를 혼란스럽게 할 수 있거든요.

 사화

사화(士禍)를 글자 그대로 풀이하면 '선비들이 화를 입었다'라는 뜻이에요. 여기서의 선비는 '사림파'를 가리키는 말이에요.

세금이 너무 많아 농민들이 살 수가 없어요
동학 농민 운동

1894년 무렵 전라도 고부(지금의 정읍) 군수 조병갑은 농민들에게 각종 이유를 달아 무지막지한 세금을 거둬들였어요.

"군수님, 요즘 세금을 너무 많이 거둬들인다고 농민들의 불만이 하늘을 찌르고 있습니다."

"뭐야? 그런 말을 하는 놈들은 당장 잡아들여라."

"군수님, 그렇다고 죄 없는 사람을 잡아들이는 건……."

"왜 죄가 없어? 내 말을 듣지 않고 세금을 내지 않으니 잡아들여야지!"

참다못한 농민들 앞에 동학 지도자 전봉준이라는 사람이 나섰어요.

"더 이상 앉아 있을 수만은 없습니다. 우리 당장 관아로 쳐들어갑시다."

그의 말에 공감한 농민들은 고부 관아를 공격해 억울하게 잡혀 있던 사람들을 풀어 주고, 창고에 쌓여 있는 곡식을 꺼내 굶주린 이웃과 나눴어요.

이 사건이 알려지자 조정이 발칵 뒤집혔어요.

"뭐라고? 농민들이 반란을 일으켰다고? 당장 그들을 체포해라."

하지만 전봉준과 뜻을 같이하는 농민과 동학 교도들은 조정에 맞섰어요.

"벼슬아치들은 우리 생각을 조금도 하지 않습니다. 농민군을 만들어 썩어 빠진 그들에 맞서 싸웁시다."

당시 조선의 정치가들은 정치를 올바르게 하지 못하고 있었어요. 돈으로 관직을 사고팔고, 제멋대로 세금을 거둬들였지요. 그 아래서 힘들었던 백성들은 전국에서 모여들어 '동학 농민군'에 가담했어요.

요즘은 정치인들이 정치를 잘못하면 국민들이 직접 나서서 시위를 벌이기도 하고 선거를 통해 심판할 수도 있어요. 하지만 옛날에는 정치인들이 아무리 잘못해도 감히 대항할 생각을 하지 못했어요. 동학 농민 운동은 조선 시대 최초로 농민들 스스로 정치 개혁을 외친 사건이에요. 비록 실패로 끝났지만, 이후 정치에 아주 큰 영향을 끼쳤어요.

 동학

동학은 1860년 최제우가 만든 종교예요. 동학은 낡은 봉건사상을 없애고 모든 사람이 평등하게 살아야 한다고 주장하면서, 가난에 시달리던 농민들 편에 섰어요. 그로 인해 정치가들로부터 많은 탄압을 받았어요.

차라리 내 목을 잘라라
단발령

1895년, 친일 내각에 의해 단발령이 내려지자 나라가 발칵 뒤집어졌어요.

"부모님으로부터 받은 내 몸을 소중하게 여기는 것이 효의 시작이거늘, 어찌 머리카락을 자르라 하는 거냐! 나는 절대 자를 수 없다."

"단발령은 일본을 따라 하느라 만든 법이다. 절대 따를 수 없다."

얼마 전 명성황후가 일본인 손에 죽임을 당한 것에 이어 단발령까지 내려지자 사람들은 의병을 일으켜 저항했어요. 앞서 고종과 조정 대신들이 머리카락을 잘라 보였지만 백성들은 절대 상투를 자를 수 없다며 맞섰어요. 특히

학자였던 최익현은 감옥에 잡혀가서도 강력하게 반발했어요.

"내 목은 자를 수 있을지언정 내 상투를 자를 수는 없다!"

사람들의 반대에도 불구하고 길거리에 지나가는 사람들을 잡아 강제로 상투를 자르기도 했어요. 길을 가다 갑자기 상투를 잘린 한 선비는 땅을 치며 통곡하기도 하고, 마지못해 상투를 자르면서 자르기 전의 모습을 사진으로라도 남기려는 사람들도 있었어요.

"아이고, 나라가 망할 징조구나. 일본 놈들이 우리나라를 망치고 있어."

강력한 저항에 부딪혀 단발령은 결국 철회되었고 친일 내각은 물러갔지요. 그러나 이건 시작에 불과했어요. 야금야금 침략 기회를 노리며 접근한 일본은 결국 우리를 식민지로 만들었어요. 우리나라 말을 못 쓰게 하고 이름도 일본식으로 짓게 하고 일본인들이 믿는 신사에 억지로 참배를 시켰어요.

나라의 주권은 국민에게 있어요. 주권이란 '국가의 의사를 최종적으로 결정하는 권력'을 말해요. 하지만 나라를 빼앗긴 국민은 주권을 행사할 수 없어요. 일제 강점기 때 일본은 우리나라에 조선 총독부를 설치하여, 우리나라의 입법·행정·사법의 삼권과 국군 통수권을 다 차지했어요. 그리고 일본인들과 친일파 정치인들은 우리 민족을 없애려는 정치를 했어요. 이 모든 게 나라를 빼앗겼기 때문에 일어난 일이지요.

 **일제 강점기**

1910년부터 1945년까지 제국주의 일본이 우리나라를 강제로 지배했던 시기를 가리키는 말이에요.

초등학생이 꼭 알아야 할
역사 속 정치

교황 정치	의원 내각제
전제 군주제	민주주의
군주제와 공화제	군사 독재
입헌 군주제	신탁 통치
직접 민주주의	공산주의
아테네의 도편 추방제	파시즘
국가의 3요소	좌익과 우익
민주주의 정신	중국의 개방 정책
삼권 분립	북한의 선거와 투표
양당제	

중세 유럽에서는 교회가 정치를 했어요
교황 정치

중세 유럽은 기독교 정신이 사회와 정치의 중심이었어요. 기독교의 최고 지도자인 교황과 나라를 다스리는 황제가 중세 유럽을 이끄는 두 기둥이었는데, 중세 초기에는 특히 교황의 힘이 아주 셌지요.

당시 교회는 넓은 땅을 가지고 있으면서 사람들을 다스렸어요. 덕분에 교황을 비롯한 성직자들은 무척 호사스러운 생활을 하고 있었지요.

"땅을 빌려 줄 테니 매년 교회에 밀 백 가마를 세금으로 내라."

"성직자님, 저희 농부들은 황제에게도 세금을 내고 있습니다. 교회에서도 세금을 그렇게 많이 거둬 가면 저희들은 뭘 먹고 살겠습니까?"

"그거야 내가 알 바 아니다. 황제보다 더 높은 분이 교황님이야."

급기야 교황은 황제의 권한을 제한하는 명령을 내렸어요.

"황제는 앞으로 주교나 수도원장을 마음대로 임명할 수 없다."

그러자 당시 신성 로마 제국의 황제 하인리히 4세는 몹시 화가 났어요.

"뭐라고? 교황의 콧대가 하늘 높은 줄 모르는구나! 내가 반드시 교황을 몰아내고 왕권을 높이 세우겠노라."

하지만 1077년, 하인리히 4세는 교황과의 세력 다툼에서 크게 패했어요.

"교황님, 제가 잘못했습니다. 부디 저의 죄를 용서해 주십시오. 앞으로는 절대 교회의 권위에 도전하지 않겠습니다."

하인리히 4세는 교황이 있는 카노사 성 앞에서 맨발로, 밥도 굶어 가며 3일 동안 손이 발이 되도록 용서를 빌었어요.

유럽의 중세 시대에는 종교와 정치가 명확히 분리되어 있지 않았어요. 교황이 한 나라의 왕보다 더 막강한 정치 권력을 휘두를 때가 많았지요. 왕이 결혼하려면 반드시 교황의 승인을 얻어야 할 정도였답니다.

하지만 십자군 전쟁이 실패하면서부터 점차 교황의 힘은 약해졌고, 반대로 왕의 힘은 점점 세졌어요. 그러면서 차차 종교와 정치가 분리되었지요.

 **중세기**

서양에서는 5세기부터 15세기까지 약 1,000년의 기간을 '중세'라고 불러요.

왕이 마음대로 나라를 다스려요
전제 군주제

2007년, 히말라야 기슭에 자리하고 있는 신비의 왕국 부탄에 깜짝 놀랄 만한 일이 생겼어요.

"뭐? 국민들이 직접 선거를 해야 한다고?"

"그렇다니까! 아 글쎄, 이제부터는 나라를 이끌어 나갈 국회 의원들을 우리 손으로 직접 뽑는대."

"나 참! 별일이네. 왜 우리가 직접 국회 의원을 뽑아야 하지? 왕이 알아서 임명하면 될 텐데."

그동안 부탄은 전제 군주제 국가였어요. 왕이 절대 권력을 행사하며 나라를 다스렸지요. 그래서 부탄의 국민들은 정치인을 직접 뽑아 본 경험이 없었어요. 하지만 부탄의 국왕은 이대로는 나라가 제대로 발전할 수 없다고 생각했지요.

"부탄이 발전하려면 왕이 모든 것을 결정하는 전제 군주제를 버려야 합니다. 이제부터는 민주적인 절차에 따라 정치인들을 뽑고, 그들에게 정치를 맡겨야 합니다."

왕의 뜻에 따라 2007년 부탄에서는 첫 선거가 있었고, 국민들은 선거를 통해 국회 의원을 뽑았어요.

군주란 나라를 통치하는 권력을 가지고 있는 '왕'을 이르는 말이에요. 아주 옛날엔 대부분의 나라에 왕이 있었고, 왕의 신분은 보통 그 자식에게 물려주었어요. 제1차 세계 대전이 일어났을 때만 해도 유럽의 나라들 중에 프랑스, 스위스, 포르투갈을 제외하고는 모두가 왕이 다스리는 나라들이었어요. 그러나 제1차 세계 대전 결과 러시아, 독일, 헝가리, 터키에서 왕이 사라졌고, 제2차 세계 대전 결과 이탈리아, 불가리아, 루마니아, 유고슬라비아 등에서도 군주제가 사라져 현재 유럽에는 불과 10개국 정도만 군주제 국가로 남아 있어요. 그나마도 왕이 상징적인 존재로만 남아 있을 뿐, 예전처럼 절대적인 권력을 가지는 전제 군주 국가는 세계에서 거의 사라졌지요. 다만 사우디아라비아, 브루나이 등 몇몇 이슬람 국가들은 아직도 전제 군주제를 실시하고 있어요. 이런 나라에서는 헌법보다 국왕의 명령이 우선이랍니다.

프랑스 시민 혁명은 왜 일어났나요?
군주제와 공화제

18세기 초, 루이 14세가 프랑스를 다스릴 때였어요. 어느 날, 루이 14세는 산책을 하다 우연히 어느 신하가 하는 말을 들었어요.

"요즘 도둑들이 많아진 거 같아. 밤에 돌아다니기가 무섭다니까."

이 말을 들은 루이 14세는 명령을 내렸어요.

"집집마다 창문에 등을 달아 거리를 밝히도록 해라."

그 소식을 전해 들은 프랑스 국민들은 너무 어이가 없었어요.

"빵 살 돈도 없는데, 거리를 밝힐 기름을 무슨 수로 구한단 말인가?"

"어떻게든 구해야지 뭐. 왕의 말을 어기면 곧 죽음이라고."

또 한번은 사냥을 하던 루이 14세가 어느 별장에 머무를 때였어요.

"이곳에 세상에서 가장 크고 화려한 궁전을 지어라."

"폐하, 별장 주변에 늪지대가 있습니다. 이런 곳에 어떻게 궁전을 짓겠습니까? 불가능합니다."

"늪은 흙으로 메우면 되지 않느냐. 내 말은 곧 법이다."

이렇게 해서 화려한 궁전을 짓는 데 무려 40년이 걸렸어요. 국민들은 이 궁전을 짓느라 온갖 고생을 해야 했지요. 이렇게 지어진 궁전이 바로 베르사유 궁전이에요.

프랑스 국민들은 백성들의 형편은 돌보지 않고 사치를 일삼는 왕들을 더 이상 보고 있을 수 없었어요. 1789년, 루이 16세 때 불만이 극에 달한 프랑스 국민들은 프랑스 시민 혁명을 일으켰어요.

"개인의 자유를 보장하라! 우리는 평등한 삶을 원한다!"

시민 혁명의 결과, 왕은 처형되고 절대 군주제가 무너졌어요. 그 대신 시민들은 공화제를 실시했어요.

왕이 나라를 마음대로 다스리는 군주제 국가 시절에는 정치 권력이 한 사람에게만 집중되어 여러 가지 문제가 생겼어요. 그러자 의식이 깬 시민들은 힘을 모아 절대 군주제를 무너뜨리고 공화제를 만들었어요.

공화제란 여러 사람이 권력을 나누어 가지는 정부 형태를 말해요. 또 공화제를 채택하고 주권을 가진 국민이, 임기가 정해진 국가 원수를 선거로 뽑는 나라를 공화국이라고 하지요. 민주주의도 일종의 공화제라고 볼 수 있어요.

영국에서 처음 탄생한
입헌 군주제

    17세기, 제임스 2세가 영국을 다스리고 있을 때의 이야기예요. 제임스 2세는 자기 멋대로 정치를 했어요. 영국 국민들은 참고 또 참았지만 제임스 2세의 폭정은 날로 심해져만 갔어요. 그러다 영국 국민들과 의회의 불만이 폭발하고 말았지요.

"왕이면 다냐? 의회를 무시하고 자기 맘대로 하려고 하다니……."

"우리도 더는 참을 수 없다! 새로운 왕을 찾아야 해!"

"맞습니다! 우리의 뜻을 들어줄 수 있는 사람을 왕으로 모셔야 합니다! 누가 좋을까요?"

"네덜란드로 시집 간 메리 공주가 어떨까요?"

"메리 공주는 제임스 2세의 딸이니까 당연히 왕이 될 자격이 있습니다."

영국 의회는 메리와 그의 남편인 윌리엄에게 편지를 보냈어요.

"메리! 영국으로 다시 돌아와서 우리들의 여왕이 되어 주면 좋겠습니다."

메리는 곧 답장을 보냈어요.

"나를 왕으로? 좋아요. 남편과 함께 가겠소."

메리와 그녀의 남편이 군대를 이끌고 오고 있다는 소식을 들은 제임스 2세는 프랑스로 도망쳤어요. 그 후, 메리와 윌리엄은 함께 영국의 왕이 되었어요. 이 사건이 바로 '명예혁명'이에요. 혁명 과정 중에 피를 흘리지 않고 정권을 바꿨기 때문에 '명예'라는 이름을 얻게 되었지요. 이때 영국 의회는 메리에게 '권리 장전'을 만들어 제출했어요.

"폐하! 왕위에 오르기 전에 권리 장전에 서명해 주십시오."

권리 장전에는 왕의 존재를 인정하지만, 의회의 승인 없이는 왕 혼자 나랏일을 함부로 처리할 수 없다는 내용이 들어 있었어요. 이로써 영국은 세계 최초로 의회 중심의 입헌 군주제 국가가 되었어요.

군주제란 왕이 존재하는 정부 형태를 말해요. 군주제는 입헌 군주제와 전제 군주제로 구분되지요. 전제 군주제 국가에선 헌법보다 국왕의 명령이 우선이랍니다. 반면 왕은 있으나 상징적인 존재로만 남아 있고, 헌법에 따라 나라를 운영하는 정치 제도를 입헌 군주제라고 해요.

시민 모두가 한데 모여 정치를 한다면?
직접 민주주의

민주주의는 국가의 주권이 국민에게 있고, 국민의 뜻에 따라 정치를 하는 제도를 말해요. 민주주의 제도는 고대 그리스 아테네 시절에도 있었어요.

"조라바, 자네 여태 뭐하고 있나? 빨리 선거에 참여해야지."

"아차, 내 정신 좀 보게. 오늘은 아테네를 이끌어 갈 사람을 뽑는 날이지."

대장장이 조라바는 연장을 내려놓고 서둘러 아고라 광장으로 향했어요. 아고라 광장은 시민권을 가진 아테네 남자들이 모두 모여 회의를 하는 곳이에요.

"자, 그럼 시민들이 다 모였으니까 앞으로 1년간 일할 아테네 정치인을 뽑도록 하겠습니다. 먼저 추천을 받겠습니다."

대장장이 조라바는 손을 번쩍 들고 말했어요.

"장군 페리크라이를 추천합니다. 그는 용맹할 뿐만 아니라 자기가 맡은 일은 꼭 해내는 성실한 사람입니다."

조라바의 말에 많은 사람들이 박수를 치며 동의했어요.

이처럼 고대 아테네에서는 모든 남자들이 직접 아고라 광장에 모여 회의를 하고, 투표로 모든 문제를 결정하는 직접 민주주의를 실시했어요. 하지만 점점 인구가 많아지자 문제가 생겼어요.

"사람들이 너무 많아서 뭐라고 하는지 잘 들리지 않아."

"요즘처럼 바쁘고 복잡한 사회에서는 수많은 시민들이 한자리에 모이기도 힘들어."

그래서 등장한 것이 바로 간접 민주주의예요.

민주주의는 크게 '직접 민주주의'와 '간접 민주주의'로 나눌 수 있어요. 직접 민주주의는 말 그대로 국민이 직접 나랏일에 참여하는 제도예요. 하지만 나라가 커지고 인구가 많아지면서 요즘은 간접 민주주의를 택하고 있는 나라들이 많아요. 간접 민주주의는 국민이 투표로 대표를 뽑아서 그들로 하여금 대신 정치를 하도록 하는 제도예요. 그런데 간접 민주주의 제도에서는 자칫하면 국민의 생각이 정치에 제대로 반영되지 않을 수 있어요. 그렇기 때문에 나를 대신하여 정치할 사람을 뽑는 선거에서 신중하게 투표를 하는 것이 매우 중요하지요.

도자기 조각으로 독재자의 탄생을 막아요
아테네의 도편 추방제

　기원전 5세기경 그리스의 아테네는 세계에서 처음으로 민주 정치를 시작했어요. 모든 시민들이 한자리에 모여 나라를 이끌어 갈 사람을 제비뽑기로 뽑았지요.

　이렇게 해서 뽑힌 공직자들은 1년에 한 번씩 시민들의 평가를 받아야 했어요. 이날이 되면 아테네 시민들은 도자기 조각에 추방할 사람의 이름을 써서 투표를 했어요.

　당시 수석 집정관이던 아리스티데스도 투표장으로 걸어가고 있었어요.

그는 아테네 시민들 사이에서 가장 존경받는 정치인이었어요. 그런데 한 노인이 아리스티데스에게 도자기 조각을 내밀며 이런 부탁을 하는 게 아니겠어요.

"이보게. 내가 눈이 많이 나빠서 그러는데 여기다가 아리스티데스라고 써 주지 않겠나?"

아리스티데스는 무척 놀랐지만 내색하지 않고 물었어요.

"영감님, 왜 그 사람을 추방하려고 하십니까?"

"모든 사람들이 그를 깨끗한 정치가라고 한다네. 하지만 그도 너무 오래 하면 부정부패를 저지를 거야. 이제 그만 물러날 때가 된 거 같네."

그 말을 들은 아리스티데스는 아무 말 없이 자기 이름을 도자기에 적어 줬어요. 투표 결과, 아리스티데스는 10년 동안 아테네를 떠나 있어야 했지요.

"아무런 잘못은 없지만 아테네 시민들의 의견을 존중하여 자리에서 물러나겠습니다."

이것이 바로 고대 그리스의 민주주의 시대에 행해진 도편 추방제예요.

도편 추방제는 국가에 해를 끼칠 만한 정치인들을 시민들이 비밀 투표로 뽑아 10년 동안 나라 밖으로 추방하던 제도예요. 도자기 조각에 이름을 적어 추방할 사람을 뽑았기 때문에 이런 이름이 붙었지요. 이 제도의 목적은 벌을 주는 것이라기보다 독재자가 나타나는 것을 예방하기 위해서였어요. 그러나 시간이 흐르면서 정치적 의견이 다른 사람을 몰아내는 수단으로 악용되다 폐지되고 말았어요.

국가로 인정받으려면 세 가지 조건이 필요해요
국가의 3요소

1907년, 고종 황제는 급히 신하 이상설을 찾았어요.

"경이 급히 해 줘야 할 일이 있소. 네덜란드 헤이그로 가서 일본과 맺은 조약이 강제로 이뤄진 것임을 폭로하고, 조약을 무효로 돌려놓으시오."

당시 대한제국은 친일파들에 의해 불평등 조약이 체결되는 바람에 일본에 나라를 빼앗길 위기에 처해 있었어요. 1905년 우리나라와 일본이 맺은 조약에는 정말 어처구니없는 내용이 들어 있었거든요.

대한제국의 외교권을 일본에 넘기고 모든 외교 문제는 일본이 대신 처리

한다는 내용이었지요. 곧 국가의 주권을 일본에 넘긴다는 것과 다를 바 없는 의미였어요. 주권을 잃은 국가는 더 이상 존재할 수 없어요. 고종 황제는 이런 부당한 조약을 받아들일 수 없었지요. 그래서 네덜란드 헤이그로 특사를 파견했어요. 헤이그 특사 세 명은 고종 황제의 옥새가 찍힌 편지를 보이며 '만국 평화 회의'에 참가하려고 했어요.

"우리는 대한제국이 자주국임을 알리고자 왔다!"

그러나 일본의 방해로 회의장에는 들어가지도 못한 채 쫓겨나고 말았어요. 얼마 후, 일본은 헤이그 특사를 몰래 파견했다는 이유를 들어 고종 황제를 강제로 왕위에서 물러나게 하고, 대한제국 군대를 해산시켰어요. 그리고 1910년 8월 22일에 '한일 병합 조약'이 체결되어 대한제국은 결국 멸망했어요.

영토(땅), 국민(사람), 주권(정부)이 국가의 3요소예요. 영토는 그 나라의 국민들이 살아가는 터전이니까 없어서는 안 될 요소예요. 주권은 국가의 구성원이 스스로 나라의 중요한 일들을 처리할 수 있는 권리를 말해요. 그리고 국민은 국가를 구성하는 근본이지요. 우리는 일제 강점기에 주권을 잃어버린 설움을 겪었어요. 나라를 잃지 않으려면 영토와 국민은 물론이고 주권을 빼앗기지 않고 지켜야 해요.

 우리나라의 영토

영토는 한 국가의 주권이 미치는 범위로, 영토(땅), 영해(바다), 영공(하늘)으로 나눌 수 있어요. 우리나라의 영토는 한반도와 3천여 개의 섬들로 이루어져 있어요. 영해는 보통 영토로부터 12해리(약 22킬로미터) 이내의 바다(대한 해협은 3해리)이고, 영공은 영토·영해와 맞닿은 하늘이에요.

국민의, 국민에 의한, 국민을 위한
민주주의 정신

1861년 4월 12일, 이제 막 미국의 16대 대통령이 된 링컨에게 좋지 않은 소식이 전해졌어요.

"대통령님, 큰일 났습니다. 남북 전쟁이 일어났습니다. 남군이 섬터 요새를 공격했다고 합니다."

링컨 대통령은 자리에서 벌떡 일어났어요. 당시 링컨은 노예 제도를 없애자고 주장했어요. 이에 북쪽 지역에 살던 사람들은 대부분 찬성했어요.

"링컨 대통령의 말을 따릅시다. 노예 제도는 하루빨리 사라져야 합니다."

하지만 노예들 없이는 대농장을 운영하기 힘든 남쪽 지역 사람들은 이에 반발하여 미연방을 탈퇴하고, '남부 연합'이라는 새로운 국가를 세웠어요.

"노예 제도를 없앨 수 없다. 우리는 링컨의 정책에 반대한다."

이로 인해 미국의 남북 전쟁이 일어나게 된 거예요. 남북 전쟁은 1861년부터 1865년까지 4년간 계속되었어요. 처음에는 남군이 승승장구했지만 1863년 게티즈버그 전투에서부터 전세는 북군에게 유리해지기 시작하였고, 결국 북군의 승리로 끝났지요.

1863년 11월 19일, 링컨은 전사자들을 추모하기 위해 게티즈버그를 찾았어요. 연단으로 오른 링컨은 마지막에 다음과 같은 말을 했어요.

"국민의, 국민에 의한, 국민을 위한 정부는 이 지구 상에서 결코 사라지지 않도록 해야 합니다."

이 연설은 겨우 300자 남짓으로 이루어진 2분짜리 연설이었어요. 하지만 이 말은 가장 간결하고도 정확하게 민주주의 정신을 정의한 말로 인정받고 있어요.

시대가 바뀌고 나라가 다르지만, 대다수 사람들은 여전히 '국민의, 국민에 의한, 국민을 위한 정부'가 나라를 이끌어 나가길 바라고 있어요. 민주 정치가 잘 실현되려면 국민이 나라의 주인이라는 '국민 주권'이 잘 보장되어야 해요.

 **주권**

나라 안에서의 주권은 국민이 국가의 의사를 결정하는 권리를 가리키고, 나라 밖에서의 주권은 우리나라가 다른 나라로부터 독립성을 가진다는 것을 의미해요.

국가 권력이 한곳으로 집중되는 것을 막아야 해요
삼권 분립

　미국의 제4대 대통령인 제임스 매디슨은 '미국 헌법의 아버지'로 기억될 만큼 미국 역사에서 중요한 인물이에요. 그가 대통령이 될 무렵 미국은 아직 완벽한 헌법을 만들지 못하고 있었어요. 그래서 정치인들은 헌법을 만들기 위해 수시로 회의를 하고 있었지요.
　"무엇보다 권력이 한 사람에게 집중되는 것을 막아야 합니다."
　"맞습니다. 유럽의 군주제를 보십시오. 왕이 나라를 다스리면서 신하들에게 명령을 내려, 법도 만들고 재판도 하게 했어요. 하지만 왕에게 입법권, 사법권, 행정권이 모두 집중되어 있으니 문제가 많죠."

제임스 매디슨은 사람들의 의견을 귀 기울여 들은 뒤 말했어요.

"여러분의 말이 옳습니다. 군주제 정치는 왕을 비롯한 일부 특권층만을 위한 것이었습니다. 대다수의 국민들은 노예처럼 살 수밖에 없었지요. 민주주의 사회에서는 바로 이 점을 고쳐야 합니다."

제임스 매디슨은 미국 헌법 초안을 잡으면서 그 해결책을 내놓았어요.

"인간은 욕심을 가지고 있어요. 따라서 몇몇 지배자가 국가 권력을 모두 차지하는 일이 없도록 해야 합니다. 그렇게 하기 위해서는 정치 권력을 입법, 사법, 행정으로 나누고, 이 세 권력이 서로 견제하며 균형을 이루도록 해야 합니다."

그 말을 들은 그의 측근들이 귓속말로 속삭였어요.

"대통령님, 그렇게 하면 대통령의 권한이 크게 줄어들 텐데요."

그러자 매디슨은 단호하게 말했어요.

"쓸데없는 소리 말게. 이것은 민주주의의 발전을 위해 꼭 필요한 일일세. 권력을 권력으로 견제하여 균형을 이룰 때 민주주의가 발전하는 거라고."

이후 대부분의 민주주의 국가에서는 '삼권 분립'을 헌법으로 정하기 시작했어요. 우리나라의 국가 권력도 입법부, 행정부, 사법부로 나뉘어 있어요. 입법부인 국회에서는 법을 만들고, 사법부는 국회에서 만든 법률이 잘 지켜질 수 있도록 재판을 하고 판결을 내려요. 그리고 행정부는 법률의 테두리 안에서 나라 살림을 꾸려 가지요. 국가 권력을 나누어 가진 정치 삼총사가 모두 제 역할을 잘 해내야 올바른 민주주의 국가라고 할 수 있어요.

두 정당이 정치를 이끌어 가는 미국
양당제

미국의 초대 대통령 조지 워싱턴은 정당을 달갑게 생각하지 않았어요.

"정당들끼리 모여 패거리 정치를 하면 나라가 혼란스러울 수 있어."

그래서 미국 초창기에는 정당이 없었어요. 그러다 1792년에 '연방당'이라는 정당이 생겼어요. 이때부터 미국 정치인들은 정당의 필요성에 대해 고민하기 시작했어요.

"이제 우리 미국도 다당제와 양당제 중 하나를 선택해야겠어요."

다당제는 3개 이상의 정당이 엇비슷한 힘을 갖는 경우를 말하고, 양당제는 두 개의 정당이 힘을 나눠 갖는 경우를 말해요.

"저는 다당제를 선택해야 한다고 생각합니다. 왜냐하면 양당제는 정당을 선택할 수 있는 범위가 좁아서 다양한 국민들의 의견을 수용하기 힘듭니다."

"저는 그렇게 생각하지 않습니다. 다당제를 선택하게 되면 여러 정당이 너도나도 나서서 싸울 텐데, 그러면 나라가 혼란스러워질 수 있습니다."

당시 미국의 정치인들은 정당 제도를 놓고 오랫동안 입씨름을 했어요. 그러다 결국 양당제를 선택했어요.

"양당제는 선거에서 승리한 정당과 패배한 정당이 뚜렷하게 나타나니까 책임감 있게 정치를 해 갈 수 있습니다. 양당제를 채택합시다."

이렇게 해서 미국에는 '민주당'과 '공화당'이라는 두 정당이 생겨나게 되었어요.

미국과 영국은 대표적으로 양당제를 채택하고 있는 나라예요. 양당제는 장점도 많지만 국민의 다양한 요구를 만족시키지 못한다는 단점도 가지고 있어요. 국민의 의견을 듣는 통로를 두 개로 한정지어 놓았으니까요. 그래서 우리나라를 비롯해 프랑스, 이탈리아, 독일 등 많은 나라들이 다당제를 채택하고 있답니다.

양당제

양당제라고 해서 딱 두 개의 정당만 만들 수 있는 건 아니에요. 다른 정당에 비해 훨씬 많은 국민의 지지를 받는 두 당이 주축이 되어 의회를 이끌 뿐이에요. 만약 정당을 더 이상 못 만들게 법으로 정했다면, 그 나라는 민주주의 국가라고 할 수 없지요.

국회가 중심이 되어 나랏일을 해요
의원 내각제

　우리나라처럼 대통령이 최고 권력자가 되어 나라를 이끌어 가는 정치 제도를 '대통령 중심제'라고 해요. 그리고 '의원 내각제'는 국회가 중심이 되는 정치 형태를 말해요. 그런데 과거 한때 우리나라에서도 의원 내각제를 실시한 적이 있었다는 사실을 아세요?

　우리나라 첫 번째 대통령이었던 이승만은 오랫동안 독재 정치를 했어요. 권력을 유지하려고 여러 가지 부정을 저지르기도 했지요. 참다못한 국민들은 거리로 나와 시위를 벌였어요.

"이승만 정권은 물러나라!"

"독재 정치, 부정부패를 물리치자!"

결국 이승만은 대통령 자리에서 물러났고, 새로 대통령이 된 윤보선은 새로운 정치 형태로 나라를 다스려야 한다고 생각했어요.

"이승만 정권이 독재 정치를 할 수 있었던 건 우리나라가 대통령 중심제를 택하고 있기 때문입니다."

"맞습니다. 대통령 중심제를 버리고, 의원 내각제를 실시하면 다시는 독재 정권이 나타나지 않을 겁니다."

이렇게 해서 우리나라는 이때 의원 내각제를 선택했어요.

"이제부터 정치적인 실권은 국무총리가 담당하세요. 그리고 대통령은 통상적인 국가 원수로서의 기능만을 담당하겠습니다."

하지만 당시 우리나라는 아직 민주주의가 제대로 뿌리를 내리지 못한 상황이었어요. 그러다 1961년 5월, 5·16 군사 정변이 일어나자 약 1년 동안 의원 내각제를 실시했던 제2공화국은 역사 속으로 사라지고 말았어요.

의원 내각제에서는 국회가 중심이 되어 나랏일을 추진해요. 나라의 대표인 총리와 장관들도 국회 의원들이 직접 뽑지요. 즉 입법부인 국회와 행정부인 정부가 따로 분리되지 않은 셈이지요. 이 때문에 집권당이 적극적으로 나랏일을 처리할 수 있고, 한 사람에게 권력이 치우치는 것을 막을 수도 있어요. 반면 입법부와 행정부를 모두 한 정당이 차지하게 되어, 다수당이 정치를 잘못할 때 견제할 만한 마땅한 장치가 없어요. 또 세력이 비슷한 정당 여러 개가 활동할 때는 정치가 혼란스러울 수도 있답니다.

국민들이 나라의 주인이에요
민주주의

 오늘은 즐거운 일요일! 민수는 가족과 함께 사진전을 보러 갔어요. '우리나라 민주 정치의 시작'이라는 제목이었지요.

 "오, 이 사진은 바로 4·19 혁명 때를 찍은 것이로구나."

 할아버지의 말씀에 민수가 물었어요.

 "할아버지, 4·19 혁명이 뭔데요?"

 "1960년에 자유 민주주의를 지키기 위해 우리나라에서 일어난 최초의 민주주의 혁명이란다. 우리나라 최초의 대통령인 이승만은 오랫동안 권력을 유지하고 싶은 욕심에 많은 비리를 저질렀어. 그래서 국민들이 4·19 혁명을 일으켰지. 할아버지도 그때 시위에 참가했단다."

아빠는 커다란 액자에 걸려 있는 또 다른 사진에서 눈을 떼지 못했어요.

"아빠, 이건 무슨 사진이에요?"

"응, 5·18 민주화 운동 당시 대학생들이 시위하는 모습이야."

"5·18 민주화 운동은 또 뭐예요?"

"전두환 독재 정권에 맞서 1980년에 광주에서 일어난 민주화 운동이야. 이때 많은 사람들이 '민주주의 수호'와 '독재 타도'를 외치다 죽었단다."

"오늘날의 민주 정치가 하루아침에 이루어진 게 아니었군요."

아빠는 민수와 함께 사진전을 보며 우리나라의 민주 정치가 어떻게 시작되었는지 얘기해 줬어요.

우리나라의 민주 정치는 1945년 일제로부터 해방되면서 본격적으로 시작되었어요. 그 전에는 왕이 다스리는 군주 정치 국가였지요. 그 후 우리나라는 한국 전쟁, 부정 선거, 군인들의 계속된 독재, 민주화 운동 등을 겪으며 힘든 시간을 보냈어요. 우리 국민들은 잘못된 정치 제도와 독재자에 맞서 열심히 싸웠고 마침내 민주 정치를 지켜 냈지요.

민주주의는 영어로 '데모크라시'라고 해요. 이 말은 '국민'을 뜻하는 '데모스'와 '지배'를 뜻하는 '크라토스'가 합쳐진 그리스 어 '데모크라티아'에서 비롯되었어요. 즉 민주주의는 국민이 나라를 지배하는 제도라는 뜻을 담고 있어요. 민주주의 국가에서는 나라의 주인이 국민이에요. 국민들이 직접 선거, 투표, 단체 활동 등을 통해 정치에 참여하는 게 보장되어 있어야 하고, 모든 사람이 법 앞에 평등해야 한답니다.

군인 출신 대통령이 제멋대로 권력을 휘둘렀어요
군사 독재

"독재 반대! 부정부패 이승만 정권은 물러나라."

대학생 근호는 이승만 정권의 독재가 계속되자 거리로 나와 시위를 벌였어요. 거리는 분노한 시민들로 넘쳐 났어요. 결국 1960년 4·19 혁명으로 이승만은 대통령 자리에서 물러나 미국으로 도망갔어요.

우리 국민들은 환호성을 올렸지요.

"드디어 우리나라에도 진정한 민주주의가 시작되겠구나!"

하지만 안타깝게도 이승만 정권의 뒤를 이은 윤보선 대통령은 사회 혼란에 제대로 대처하지 못했어요. 그러자 당시 군인이었던 박정희가 5·16 군사 정변을 일으키고 말았어요.

"무능한 정부를 몰아내고, 나라를 바로 세워야 합니다."

군대를 동원하여 정권을 잡은 박정희는 국민들에게 말했어요.

"사회 혼란을 빨리 수습한 뒤 다른 사람에게 정권을 넘겨주겠습니다. 그리고 나는 군으로 돌아가겠습니다."

많은 사람들이 이 약속을 믿었지만, 박정희는 약속을 지키지 않았어요. 자신을 반대하는 사람을 모두 내쫓은 뒤, 스스로 대통령이 되었지요. 이렇게 박정희의 군사 독재가 시작된 것이죠. 이후 박정희 대통령은 헌법을 고쳐 유신 헌법을 만들었어요. 그리고 세 번이나 연거푸 대통령 자리를 차지했어요.

"아, 글쎄! 박정희 대통령이 이번에는 전국에 계엄령을 내리고 선거를 해서 또 대통령에 뽑혔다는군."

"아, 언제나 군사 독재 정치가 끝날까?"

근호와 동료들은 하루빨리 박정희 군사 독재 정치가 끝나고, 진정한 민주주의가 시작되길 간절히 바랐어요.

1972년에 만든 유신 헌법은 대통령의 임기를 6년으로 늘리고, 한 사람이 평생 동안 대통령을 할 수 있도록 하는 내용이었어요. 국가의 안전을 위해서는 국민의 기본권을 제한할 수 있다는 내용도 넣었어요. 날이 갈수록 심해지는 부정부패와 빈부 격차도 사람들을 살기 힘들게 만들었어요. 그 가운데서도 민주주의를 원하는 사람들은 끊임없이 민주화 운동을 벌였답니다.

우리나라가 남북으로 나뉜 사연
신탁 통치

우리나라는 1945년 8월 15일, 일제로부터 해방되었어요. 그러나 새로운 정부가 미처 들어서기도 전인 1945년 12월 미국, 소련 등 한반도 문제에 개입하고 있던 강대국들이 모여 회의를 했어요.

"한반도는 지금 매우 혼란스러운 상태에 빠져 있습니다. 이들은 스스로 나라를 세울 능력이 없는 거 같습니다."

"그렇다면 우리가 잠시 정치를 대신 해 주는 게 좋겠어요."

이렇게 해서 시작된 게 바로 신탁 통치예요. 이 소식을 들은 우리 민족은 신탁 통치에 반대하는 사람들과 찬성하는 사람들로 나뉘었어요.

"이것은 식민 지배나 마찬가지야. 신탁 통치에 반대한다."

"신탁 통치로 나라를 안정시킨 뒤, 우리가 직접 나라를 다스리면 된다."

이렇게 의견이 엇갈린 채로 팽팽히 맞서다 결국 신탁 통치를 하기로 결정이 났어요. 미국과 소련은 우리나라를 돌봐 주겠다며 각각 군대를 보냈지요.

"우리 소련은 북쪽에 군대를 배치하고, 북쪽 지역을 돌봐 주겠소."

"그럼 우리 미국은 남쪽에 군대를 배치하고, 남쪽 지역을 돌봐 주겠소."

소련은 미국을 따르는 세력이 자기 나라 주위에 생기는 걸 원치 않았어요. 마찬가지로 미국은 소련을 따르는 세력이 한반도를 전부 차지하는 걸 원치 않았지요. 그래서 미국과 소련은 한반도를 남과 북으로 나눠 각각 신탁 통치를 하기로 합의했어요.

1948년 8월 15일 남쪽에서는 대한민국 정부가 세워졌고, 이승만이 초대 대통령이 되었어요. 그러자 북쪽에서는 김일성이 인민 공화국을 세웠어요. 광복이 되었지만 남과 북이 갈라져 버린 것이지요. 그러다 1950년 6월 25일에 한국 전쟁이 일어났고 전쟁은 3년 동안 이어지다가 휴전이 되었어요. 이렇게 생긴 휴전선은 지금도 여전히 남과 북을 가로 막고 있어요.

38선과 휴전선

38선은 일본의 패망 후 일본군 무장 해제를 구실로 미국군과 소련군이 각각 남과 북에 주둔하면서 북위 38도 선을 경계로 그은 경계선이에요. 그 후 38선을 대체한 휴전선은 6·25 전쟁을 휴전할 때 만들어진 군사 분계선이에요.

함께 생산하고 함께 소유해요
공산주의

　19세기, 영국에서 증기 기관이 발명되면서 수많은 공장이 세워지고, 많은 사람들이 공장에서 일하게 되었어요. 덕분에 공장을 운영하는 사장은 큰돈을 벌 수 있었지요. 그러나 노동자들은 하루 종일 일을 해도 겨우 입에 풀칠이나 할 정도밖에 임금을 받지 못했어요.

　"사장님, 저는 벌써 수년 동안 하루도 빠지지 않고 열심히 일을 했는데도, 여전히 다섯 식구가 매일 끼니 걱정을 하며 살고 있어요."

　찰스가 솔직한 심정을 털어놓았지만 사장은 들은 척도 하지 않았어요.

"그건 내가 알 바 아니네. 난 자네들이 일한 만큼 월급을 주고 있으니까."

얼마 후, 찰스가 일을 하다가 다쳐서 사장을 찾아갔어요.

"사장님, 일을 하다가 다쳤는데, 며칠 휴가를 내고 싶습니다."

그 말을 듣자마자 사장은 찰스를 공장에서 그대로 쫓아냈어요.

독일의 경제학자 칼 마르크스는 이런 노동자들의 비참한 처지를 보며 공산주의를 주장했어요.

"공산주의란 말 그대로 '공동 생산'을 하는 것입니다. 또한 모든 사람이 열심히 일해서 돈을 벌면 그 돈도 똑같이 나누어 가지는 것이죠. 따라서 공산주의 사회에서는 개인이 재산을 소유해서는 안 되고, 뭐든지 다른 사회 구성원과 함께 똑같이 나누어 가져야 합니다. 이렇게 하면 빈부의 차이를 없앨 수 있습니다."

그 후 마르크스의 영향을 받아 소련, 동독, 중국, 북한 같은 공산주의 국가가 세워졌어요.

한때 자본주의를 채택한 국가들과 공산주의 국가들은 군사적으로 팽팽하게 대립하기도 했어요. 하지만 결국 동독, 소련 같은 공산주의 사회는 붕괴되고 말았어요. 너무 평등을 강조하다 보니, 경제가 발전하지 못했기 때문이에요. 경제가 발전하지 못하니 공산주의 사회에서는 더 많은 사람들이 가난에 허덕였어요. 현재 지구 상에 남아 있는 공산주의 국가는 북한, 중국, 쿠바 등 몇 나라밖에 없어요.

내 나라를 위해서는 무엇이든 희생시킬 수 있다
파시즘

1919년, 제1차 세계 대전이 일어나자 독일의 장군 히틀러는 유명한 연설가로 이름을 떨쳤어요.

"히틀러는 말을 정말 잘해."

"맞아, 히틀러가 우리의 대표가 되면 좋겠어."

얼마 후, 독일의 나치스(민족 사회주의 독일 노동자당)가 집권을 하자 히틀러는 당의 총책임자가 되었어요. 이때 히틀러는 외교에서 큰 성공을 거두고, 경제를 다시 일으켜 독일을 유럽에서 가장 힘센 나라로 발전시켰어요. 이로 인해 독일 국민들의 열렬한 지지를 얻었지요.

"히틀러에게 많은 권력을 주면 나라를 더 잘 이끌어 나갈 거야."

"하지만 한 사람이 권력을 너무 많이 가지고 있으면 좀 위험하지 않을까?"

"에이, 뭐가 위험해. 여러 사람이 권력을 나누어 가지면 결정을 빨리 내릴 수 없어. 우수한 몇몇 사람이 국가 권력을 가지면 중요한 문제를 빨리 해결할 수 있잖아."

한때 독일 국민들 중에는 이런 생각을 가지고 있는 사람들이 많았어요. 하지만 이들의 생각이 틀렸다는 것이 곧 밝혀졌어요. 1939년 9월 1일, 히틀러는 아무런 예고도 없이 폴란드를 침공해서 제2차 세계 대전을 일으켰어요. 게다가 유태인 말살 정책으로 수많은 유태인을 죽였어요.

"유태인을 모두 잡아들여라. 그들을 모두 수용소와 가스실로 보내라!"

1945년, 오랜 전쟁 끝에 독일은 전쟁에서 패했고 히틀러는 결국 스스로 목숨을 끊고 말았어요.

히틀러는 민주적인 절차를 무시하고 몇몇 사람이 권력을 독차지한 채 마음대로 나라를 다스리는 독재 정치를 했어요. 뿐만 아니라 자기 나라와 민족만이 최고이고, 자기 나라의 이익을 위해서는 개인이나, 다른 국가나 인종들은 피해를 봐도 된다는 주장을 펼치며 다른 나라를 침략하고 많은 사람을 죽게 했어요. 이러한 극단적인 정치 사상과 이에 따르는 제도를 파시즘이라고 합니다.

프랑스에서 처음 사용한
좌익과 우익

프랑스 왕 루이 16세는 국민들을 돌보지 않는 무능한 왕이었어요. 1789년, 프랑스 국민들은 혁명을 일으켜 루이 16세를 체포했어요. 그러고 나서 국민들을 대표하는 국민 회의를 열었어요.

"오늘은 국왕을 처벌하는 문제로 국민 회의를 열었습니다. 의견을 말씀해 보세요."

이때 모인 사람들은 이상하게도 의장을 중심으로 편을 나누어 앉았어요. 왼쪽 편에는 시민과 노동자들이 중심이 된 '자코뱅파'가 앉아 있었고, 오른쪽 편에는 부자와 자본가들이 중심이 된 '지롱드파'가 앉아 있었지요.

먼저 왼쪽 편에 앉아 있던 자코뱅파가 입을 열었어요.

"못된 짓을 저지른 국왕을 당연히 처벌해야 합니다. 자신의 사치스러운 생활을 위해 국민들에게 엄청난 세금을 거둬들였습니다. 국민들은 소금을 먹을 때에도 '소금세'를 내야 했습니다. 그렇게 거둬들인 세금으로 국왕은 배불리 먹고 호화로운 왕궁을 지었습니다."

"게다가 다른 나라와의 전쟁에서 패하는 바람에 국민들은 정상적인 생활을 할 수 없는 지경에 이르렀는데도 아무런 반성을 하지 않았습니다."

하지만 오른쪽 편에 앉아 있던 지롱드파의 의견은 좀 달랐어요.

"국왕이 잘못한 건 사실입니다. 하지만 처벌에는 반대합니다. 한때 우리가 왕으로 모셨던 사람입니다. 그런 사람을 재판한다는 게 말이 됩니까?"

이때부터 나라의 기존 질서를 한꺼번에 바꾸자고 주장하는 사람이나 단체를 '왼쪽 좌(左)'를 써서 '좌익(좌파)', 기존 질서를 그대로 두고 서서히 바꿔 나가야 한다고 생각하는 보수적인 사람이나 단체를 '오른쪽 우(右)'를 써서 '우익(우파)'이라고 부르게 되었어요.

오늘날 좌익과 우익이라는 말은 처음 만들어졌을 때와는 의미가 조금 달라져 있어요. 좌익은 사회주의 사상을 가진 인물이나 단체를, 우익은 자본주의적 사상을 가진 사람이나 단체를 뜻하는 말로도 쓰이고 있지요. 또는 정치적으로 진보를 원하는 쪽을 좌익, 보수적인 쪽은 우익이라고도 한답니다.

흰 고양이든 검은 고양이든 쥐만 잘 잡으면 돼
중국의 개방 정책

왕평은 중국 베이징의 한 공장에서 열심히 일하는 노동자였어요. 하루는 너무 화가 나서 직장 동료들을 모아 놓고 따졌어요.

"이보게들, 나는 매일 열심히 일을 하고 있네. 그런데 왜 자네들은 날마다 빈둥거리면서 일을 하지 않는 거지?"

그러자 한 동료가 대답했어요.

"이봐 왕평! 함께 일을 해서 누구나 똑같이 나눠 가지고, 똑같은 대접을 받는데 뭐하러 열심히 일을 해?"

"맞아, 공산주의 사회에서는 자네처럼 열심히 일한다고 해서 월급을 더 많이 받는 것도 아니잖아."

국민들 대부분이 이런 생각을 가지고 있다 보니 중국의 나라 살림은 점점 더 어려워졌어요. 국가 경쟁력도 날이 갈수록 안 좋아졌지요.

이때, 중국 최고 지도자가 된 덩샤오핑이 1979년 미국을 방문하고 돌아온 뒤 '흑묘백묘론'을 주장했어요.

"흰 고양이든(백묘) 검은 고양(흑묘)이든 쥐만 잘 잡으면 되듯이, 자본주의든 공산주의든 중국 국민을 잘살게 하면 그것이 제일입니다."

중국 공산당도 덩샤오핑의 주장을 지지했어요.

"덩샤오핑 동지의 말이 맞습니다. 우선 중국 국민들이 잘사는 게 무엇보다 중요합니다."

"좋습니다. 그럼 앞으로 우리 중국은 정치는 공산주의 체제를 유지하되, 경제 분야는 자본주의의 장점을 받아들이도록 합시다."

이때부터 덩샤오핑은 공산 국가인 중국을 개혁과 개방으로 이끌었어요.

경제적인 어려움을 겪은 중국은 자본주의의 경제 정책을 받아들였어요. 개인의 사유 재산을 인정하고, 열심히 일한 사람은 더 많은 돈을 벌 수 있게 했지요. 그 결과 개방 정책 이후 중국 경제는 눈부시게 발전하기 시작했고, 지금은 세계 경제를 좌우하는 경제 대국으로 떠오르고 있어요.

후보는 한 명인데, 공개 투표를 한다고요?
북한의 선거와 투표

한 기자가 탈북자인 박철민 씨에게 물었어요.

"북한에도 선거와 국회가 있나요?"

기자의 질문에 박철민 씨는 북한에서 겪었던 일을 자세하게 들려줬어요.

최고인민회의 대의원을 뽑는 선거가 있던 날, 평양에서 대학을 다니던 박철민 씨와 동료들은 투표소로 가기 전에 인민 반장에게 교육을 받았어요.

"동무들, 내일은 최고인민회의 11기 대의원을 뽑는 날입니다. 모두들 어떻게 투표를 해야 하는지 알지요?"

인민반장은 박철민 씨와 동료들에게 다시 한번 투표 요령을 알려 줬어요.

"일단 투표소에 가면 김일성 수령님과 김정일 지도자 동지 사진을 향해 90도로 절을 해야 합니다. 그리고 동무들도 다 알다시피 후보는 한 명밖에 없습니다. 투표 용지를 받아 찬성이면 그냥 투표함에 넣고, 반대면 연필로 후보 이름을 그으면 됩니다."

북한에는 정당이 '조선 노동당' 하나뿐이에요. 게다가 선거는 찬성이냐 반대냐를 가리는 것이지요. 그래서 선거 운동을 하지도 않아요.

인민 반장의 설명을 들으며 박철민 씨는 속으로 생각했어요.

'쳇, 그럴 거면 뭣하러 선거를 한담……'

선거소로 간 박철민 씨는 후보자의 이름을 그때 처음 알게 되었어요. 후보자는 100퍼센트 찬성표를 받아 최고인민회의 대의원에 당선되었어요.

북한에서는 최고인민회의가 우리의 국회와 비슷한 역할을 해요. 국회 의원 대신 '대의원'이라는 명칭을 사용하지요. 최고인민회의장에서 대의원들이 모여 투표를 할 때도 공개적으로 투표를 하기 때문에 안건은 대부분 100퍼센트 투표에 100퍼센트 찬성으로 결정된다고 해요.

 북한 최고인민회의 대의원

북한 최고인민회의 대의원의 임기는 5년이에요. 인구 3만 명당 1명의 비율로 선출되어, 약 700명에 가까운 대의원이 있어요.

3장

초등학생이 꼭 알아야 할
민주주의 정치 제도

선거의 기본 원칙	공공 기관
선거 관리 위원회	지방 자치 제도
대통령 직선제	지역감정
선거 공영제	님비 현상
선거 운동 기간	국정 감사
매니페스토	전자 민주주의
정치 후원금 제도	레임덕 현상
정당	세금
여당과 야당	자유 무역 협정(FTA)
대통령	옴부즈맨
국무총리	대사관
행정부	스포츠 외교
사법부	시민 단체
국회	이익 단체
국회 의원 선거	여론
면책 특권 · 불체포 특권	여론 조사
국회 청문회	언론
교섭 단체	

보통, 평등, 직접, 비밀
선거의 기본 원칙

중대장이 내무반에 들어오자 최 이병은 차렷 자세를 취했어요.

"쉬어! 오늘은 부재자 투표 날이다. 모두 투표할 준비를 해라."

최 이병이 부재자 투표를 하기 위해 일어서는데 김 일병이 불러 세웠어요.

"어, 최 이병! 너도 선거권이 있냐?"

"물론입니다. 저도 이제 만 19세가 되었기 때문에 선거를 할 수 있습니다."

"그래? 그럼 나 대신 투표 좀 하고 와라. 추워서 일어나기가 싫다."

"김 일병님, 죄송합니다만 그럴 수 없습니다."

"뭐? 고참 명령을 안 듣겠다고?"

"다른 건 몰라도 투표는 그럴 수가 없습니다. 투표권을 가진 사람이 직접 가서 해야만 합니다. 부모님이라도 대신 투표를 할 수 없습니다."

"네가 두 표 찍으면 안 되겠냐?"

"그건 안 됩니다. 누구나 한 표밖에 투표권을 행사할 수 없거든요."

잠시 후, 투표를 마치고 투표소를 나서며 김 일병이 최 이병에게 물었어요.

"최 이병, 너 누구를 뽑았냐?"

"죄송합니다. 그것도 말씀 드릴 수 없습니다."

"뭐 어때, 나한테만 말해 봐."

"투표를 마친 사람은 누구를 선택했는지 말하지 않을 권리가 있습니다."

민주주의 국가에서 실시하는 선거에는 다음과 같은 네 가지 기본 원칙이 있어요.

첫째, 만 19세가 되면 모든 국민에게 똑같이 선거권을 주는 보통 선거. 둘째, 다른 사람이 대신 투표할 수 없고 본인이 직접 투표해야 하는 직접 선거. 셋째, 한 사람에게 한 표씩 투표권을 주는 평등 선거. 넷째, 누구에게 투표를 했는지 다른 사람이 알지 못하게 내 뜻대로 하는 비밀 선거. 이 네 가지가 바로 민주주의 선거의 기본 원칙이랍니다.

 **부재자 투표**

투표권이 있는 사람 중에서 지역 투표소에 갈 수 없는 사람들도 누구나 투표를 할 수 있게 한 제도예요. 부재자 신고를 한 사람, 군인, 경찰관, 선거 관리 위원회 직원, 투표 사무소 직원, 병원에 장기 입원한 환자, 선박에서 오랜 기간 머무르는 사람 등이 대상이지요.

공정한 선거를 위해 생겼어요
선거 관리 위원회

　1960년 2월이었어요. 당시 이승만 대통령은 자유당원들을 모아 놓고 이렇게 말했어요.

　"이제 얼마 있으면 대통령 선거입니다. 이번에도 우리 자유당이 꼭 다시 정권을 잡아야 합니다."

　"알겠습니다. 대통령 각하!"

　자유당원들은 선거에서 이기기 위해 수단과 방법을 가리지 않았어요.

　"이, 이게 뭔가요?"

"쉿! 그 돈을 받고 각하에게 표를 주십시오."

"유권자들에게 뇌물을 주는 건 불법 아닌가요?"

당시 자유당원들은 이승만을 당선시키기 위해 유권자들에게 돈과 뇌물을 주면서 온갖 부정한 짓을 저질렀어요. 하지만 여론조사 결과 유권자들은 민주당 편이었어요.

"민주당 후보가 대통령에 당선될 것으로 예상됩니다."

그런데 이때 마침 병이 난 민주당 대통령 후보 조병옥이 치료차 미국으로 간 사이, 자유당은 그 틈을 타 말도 안 되는 발표를 했어요.

"5월에 실시하기로 했던 선거를 3월 15일로 앞당겨 치르겠습니다."

선거가 시작되자 자유당원들은 투표소로 향하는 유권자들을 협박했어요.

"당신, 이번 선거에서 이승만 대통령을 안 찍으면 알지?"

자유당원들은 미리 만들어 둔 가짜 투표함과 진짜 투표함을 바꿔치기 하고, 투표수를 몰래 조작하기까지 했어요. 미리 철저히 계획된 부정 선거였지요. 그 결과 자유당의 이승만과 이기붕이 80퍼센트 가까운 높은 득표율로 각각 대통령과 부통령에 당선되었어요. 이 이야기는 민주주의가 제대로 뿌리내리지 못한 데다 불법 선거를 감시하는 곳도 마땅히 없던 시절에 이루어진 부정 선거예요.

1962년에 선거를 공정하게 관리하기 위해 '선거 관리 위원회'가 생겼어요. 국회나 법원과 같은 지위를 가진 독립된 헌법 기관이에요. 누구의 간섭도 받지 않도록 말이지요. 선거 관리 위원회가 생기고 나서도 부정 선거는 완전히 없어지지 않았지만, 계속된 노력으로 공정한 선거 풍토가 차츰 자리를 잡아 갔어요.

국민들이 직접 대통령을 뽑아요
대통령 직선제

1987년 6월, 도연이는 초등학교 6학년이었어요.

"꼬마야, 이쪽으로 오면 안 돼."

한 대학생이 도연이의 길을 막았어요.

"왜요? 여긴 제가 매일 지나다니는 길인데요?"

"지금 시위대와 경찰이 맞서고 있단다. 언제 무슨 일이 벌어질지 몰라."

"왜 시위대가 경찰과 맞서고 있는데요?"

"전두환 대통령이 자기 마음대로 법을 바꾸고 독재 정치를 하려고 하거든."

당시 대통령 전두환은 국민이 직접 뽑은 대통령이 아니라 군대를 동원해 자기 스스로 대통령이 된 사람이었어요.

며칠 후, 도연이는 텔레비전 뉴스에서 전두환 대통령이 노태우의 손을 추켜올리는 장면을 봤어요.

"흥! 자기 마음대로 다음 대통령을 지명하다니! 말도 안 돼."

함께 텔레비전을 보고 있던 아빠가 불만스러운 목소리로 말했어요.

그 시기, 온 나라가 뒤숭숭했어요. 크고 작은 시위가 끊임없이 이어지고 사회 불안은 점점 커졌어요.

"전두환 정권의 강압적인 통치를 반대한다."

"국민의 손으로 직접 대통령을 뽑아야 한다."

대학생, 종교인, 일반 시민들까지 거리로 쏟아져 나와 시위를 벌였어요.

1987년 6월 29일, 도연이는 텔레비전 뉴스를 보면서 전두환 정권이 국민들에게 굴복했다는 사실을 알게 되었어요.

전두환은 국민의 뜻에 따라 이제부터는 국민들의 손으로 직접 대통령을 뽑을 수 있도록 법을 고치겠다고 선포했어요. 이것이 바로 6·29 선언이에요. 이 선언으로 인해 우리나라 대통령 직선제가 시작된 거예요. 대통령 직선제란, 말 그대로 모든 국민들이 직접 선거에 참여하여 투표로 대통령을 뽑는 제도지요.

돈이 없어도 선거에 출마할 수 있어야 해요
선거 공영제

김수민 씨는 국회 의원이 되기 위해 많은 노력을 기울였어요.

"김수민 씨는 정말 능력 있는 사람이야. 말도 잘하고 성실하고 무엇보다 깨끗한 사람이야."

"맞아, 국회 의원이 되면 우리 의견을 잘 반영시켜 줄 거야."

김수민 씨는 지역 사회 시민들로부터 인정을 받기 시작했어요. 그리고 드디어 이번 국회 의원 선거에 출마하기로 결심했지요.

"어떻게 오셨습니까?"

"국회 의원 후보 등록을 하러 왔습니다."

"그럼 기탁금으로 1,500만 원을 내셔야 합니다."

"네?"

"아무나 후보로 나오는 걸 막기 위해 기탁금을 받습니다. 15퍼센트 이상 표를 얻으면 되돌려 드립니다."

김수민 씨는 훌륭하고 능력이 있는 사람이지만 돈이 없어 국회 의원 선거에 출마하지 못했어요.

"말도 안 돼. 능력 있는 사람이 돈 때문에 출마도 할 수 없다니!"

"기탁금도 기탁금이지만 선거를 하려면 돈이 필요하잖아. 돈 한 푼 없이는 힘들지."

이런 문제를 해결하기 위해 생겨난 제도가 바로 '선거 공영제'예요. 선거 공영제란 국가가 선거를 관리하여 후보자들에게 공평한 기회를 주고, 필요한 선거 비용의 일부를 국가가 대신 부담하는 제도예요. 선거 공영제는 경제적으로 풍족하지는 않지만 능력이 있는 사람에게 기회를 주기 위해 마련된 제도예요.

세계 여러 나라에서 선거 공영제를 실시하고 있어요. 영국에서는 선거 운동을 할 때 공공시설을 무료로 이용할 수 있고, 홍보물 우편을 공짜로 보낼 수 있어요. 프랑스에서는 선거에서 5퍼센트 이상 득표한 후보자에게 선거가 끝나면 포스터나 인쇄비 등을 나라에서 돌려줘요.

 선거 공영제의 단점

후보자가 부담하는 돈이 줄어들기 때문에 많은 사람이 후보자로 나설 가능성이 높아요. 능력 없는 사람까지 후보자로 나설 수도 있어 국민들이 낸 세금이 낭비될 위험이 있지요.

너무 일찍 선거 운동을 하면 안 돼요
선거 운동 기간

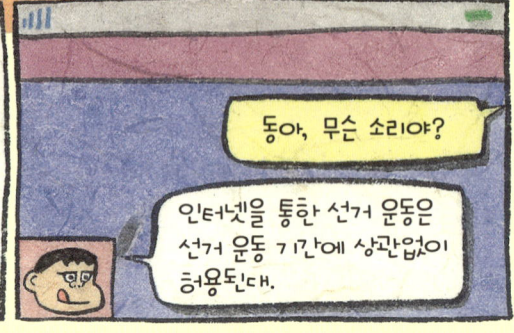

예전에는 선거철이 되면 몇 달 전부터 전국이 들썩거렸어요.

"이보게, 도대체 자네 언제부터 선거 운동을 할 생각인가?"

홍길동 씨는 이번에 처음으로 국회 의원 선거에 출마한 사람이에요.

"아직 선거를 하려면 몇 달이나 남았잖습니까? 전 아직 후보자 등록도 하지 않았는데요."

"쯧쯧, 그래 가지고 어떻게 선거에서 이기겠나? 후보자 등록 기간은 아직 멀었지만 다른 후보자들은 이미 열심히 선거 운동을 하고 있는데……."

"네에, 정말요? 그래도 되는 거예요?"

홍길동 씨는 깜짝 놀라 동네를 돌아봤어요.

"앗, 벌써 선거 벽보가 붙어 있네. 이런! 길거리마다 온통 선거 현수막이 걸려 있잖아."

그때였어요. 선거 홍보용 차량에 올라탄 다른 후보자가 홍길동 씨 옆을 지나가며 고래고래 소리쳤어요.

"저를 국회로 보내 주십시오, 여러분!"

이를 본 홍길동 씨는 마음이 급해졌어요. 그날 저녁 당장 홍길동 씨는 동창회 모임에 나가 선거 운동을 했어요.

"내가 이번에 국회 의원 선거에 나가네. 꼭 나를 찍어 주게."

예전에는 이렇게 선거가 시작되기 훨씬 전부터 과열 경쟁을 하는 바람에 노력과 경비가 지나치게 많이 들었어요. 그래서 법으로 선거 운동 기간을 정해 놓게 된 거예요. 지금까지는 선거 180일 전에는 선거에 영향을 주는 선거 운동을 금지했어요. 하지만 2012년부터는 소셜 네트워크 서비스(SNS) 등을 이용한 인터넷 선거 운동은 항상 허용하는 것으로 법이 바뀌었어요(선거일 제외). 그러나 선거 운동을 위한 유료 인터넷 광고는 여전히 정해진 기간에만 할 수 있고, 인터넷에서 선거 관련한 허위 사실을 30번 이상 퍼트린 사람은 법에 따라 처벌 받아요.

 **선거 운동 기간**

대통령 선거는 23일, 국회 의원과 지방 자치 단체의 의회 의원 및 장의 선거는 14일이에요.

공약을 어떻게 실현할지 말해 주세요
매니페스토

얼마 전, 경기도 가평에서는 '가평군 국회 의원 선거 매니페스토 협약식'을 가졌어요. 모임에 참석한 국회 의원 후보들이 시민 대표에게 물었어요.

"이게 뭡니까?"

"가평 시민들이 가평을 위해 꼭 필요하다고 생각하는 정책들을 기록한 것입니다."

모임을 주최한 시민 대표가 말했어요.

"이번 국회 의원 선거에 출마하신 각 당의 후보님들은 가평 시민들이 제시

한 정책 중 이루어 낼 수 있는 항목에 ○표를 쳐 주세요."

"만약 내 능력으로 할 수 없는 일이라면 어떻게 해야 합니까?"

"그럼 솔직하게 못한다고 말씀하시면 됩니다. 후보님께서 진짜 해내실 수 있는 항목만 선택해 주세요. 우리 시민들은 후보님들이 선택하신 항목을 보고 누가 가평 시민을 대표하는 국회 의원이 될지 결정하도록 하겠습니다."

시민 대표의 말에 국회 의원 후보들은 긴장하기 시작했어요.

"그리고 국회 의원이 된 후 약속을 지키지 않으면 우리 시민들은 다음 선거에서 반드시 그 책임을 물을 겁니다."

후보들은 신중하게 자신이 추진할 수 있는 정책을 밝혔어요.

매니페스토는 후보자나 정당이 공약을 실천하겠다고 유권자들에게 문서로 약속하는 것을 말해요. 매니페스토 운동은 후보자가 공약을 언제, 어떻게 추진할 것인지 구체적으로 점검한 후 선거에 참여하는 것이 목적이에요. 따라서 유권자들은 당선자가 공약을 잘 실천하고 있는지 지켜봐야 해요. 그 결과에 따라 다음 선거에서 그 정치인을 또 뽑을 것인지를 결정해야 하니까요.

그동안 우리나라 정치인들은 무조건 당선만 되고 보자는 식으로 말도 안 되는 공약을 쏟아 내고, 당선된 후에는 언제 그랬느냐는 식으로 오리발을 내밀곤 했지요. 그래서 매니페스토 운동이 시작된 거예요.

 매니페스토의 사례

영국의 토니 블레어 총리도 매니페스토를 통해 영국 총리가 되었고, 우리나라에서는 18대 국회 의원 선거에서부터 매니페스토 운동이 적극 시도되고 있어요.

우리 모두를 위한 정치를 해 주세요
정치 후원금 제도

"제가 이번에 국회 의원으로 출마하는데, 좀 도와주십시오."

박두루 국회 의원 후보자는 어느 기업 사장에게 부탁했어요.

"뭘 어떻게 도와 드려야 할까요?"

"아, 잘 아시면서. 정치를 하려면 돈이 필요하지 않습니까? 정치 자금을 좀 후원해 주십시오."

"하지만 이렇게 정치 자금을 마련하면 불법 아닌가요?"

"아니, 그럼 어떻게 정치 자금을 마련합니까? 이번에 도와주시면 제가 국회 의원이 된 뒤, 신세를 톡톡히 갚겠습니다."

얼마 후 두 사람은 서울의 어느 호텔에서 다시 만났어요.

"지난번에 말씀하신 정치 자금은 자동차 뒤에 넣어 두었습니다."

박두루 후보가 기분 좋게 출발하려는 순간, 경찰이 가로막았어요. 차에는 현금 4억 원이 든 사과 상자 두 개가 있었어요.

"당신을 불법 정치 자금 수수 혐의로 체포하겠습니다."

박두루 후보는 체포되어 선거 출마 자격마저 잃고 말았답니다.

그동안 우리나라 정치권은 불법 정치 자금 문제 때문에 골머리를 앓았어요. 원칙대로라면 정치를 하는 데 필요한 자금은 당원이 납부하는 돈으로 마련해야 해요. 하지만 그 돈만으로는 충분하지 않자 많은 정치인들이 불법으로 정치 자금을 마련하곤 했어요. 이 때문에 정치 후원금 제도가 생겨난 거예요. 정치 후원금 제도는 개인이 지지하는 정치인을 위해 합법적으로 돈을 기부하는 제도예요.

요즘은 정치 후원금을 기부함으로써 깨끗한 정치가 이루어지길 바라는 사람들이 점점 많아지고 있답니다.

 정치 자금

정치인이나 정당이 정치적인 활동을 할 때 필요한 경비예요. 정치 자금은 정당의 당원이 내는 당비, 후원금, 선거 관리 위원회의 기탁금, 국가 보조금 등으로 마련할 수 있어요.

같은 뜻을 펼치기 위해 모였어요
정당

오늘의 민기 숙제는 '아빠가 하는 일'에 대해 알아 오는 것이에요. 그래서 민기는 아빠를 따라 아빠 직장으로 갔어요.

"와, 여기가 아빠가 일하는 ○○당 사무실이군요. 그런데 아빠, 정당은 뭐 하는 곳인데요?"

"정치에 대해 비슷한 생각을 가지고 있는 사람들이 모여 만든 단체를 정당이라고 한단다."

"그럼 정당을 하는 목적은 뭐예요?"

"선거를 통해 정치 권력을 얻어 정책을 펴는 게 목적이야. 그 목적을 위해서 국회 의원을 많이 당선시키려고 노력하고, 대통령도 자기 정당 사람이 되도록 최선을 다하지."

때마침 한 사람이 자리에서 일어나 큰 소리로 말했어요.

"이제 곧 회의를 시작하겠습니다. 모두 회의실로 와 주시기 바랍니다."

아빠가 그 소리를 듣고 자리에서 일어나자 민기가 또 물었어요.

"아빠, 아빠는 정치인도 아닌데 왜 정당 사무실에서 회의를 해요?"

그러자 옆에 있던 아저씨가 껄껄껄 웃으며 말했어요.

"정당은 정치인들로만 구성되는 게 아니란다. 국민 누구나 자신의 뜻에 맞는 정당에 가입하거나 실무적인 일을 할 수 있어."

"정말요? 그럼 저도 가입할 수 있나요?"

"너는 아직 어려서 가입할 수 없단다. 만 열아홉이 되면 꼭 오너라. 하하하."

정당이 정치 권력을 얻으려면 선거에 나가야 해요. 그러려면 정당 안에서 유권자들이 뽑아 줄 만한 인물을 가려 선거에 내보내야겠지요? 선거에 출마할 후보자를 정당에서 추천하는 걸 가리켜 '공천'이라고 해요. 각 정당에서 공천을 받은 사람들은 선거에 출마하여 당선을 위해 열심히 선거 운동을 하지요. 그리고 소속 정당이 없이 선거에 출마한 후보를 '무소속 후보'라고 한답니다.

 정당이 하는 일

첫째, 대통령, 국회 의원, 지방 자치 단체장, 지방 의회 의원의 선거에 후보를 내요.
둘째, 국민의 다양한 의견을 모아 정부에 전달하여 정책에 반영하게 해요.
셋째, 정부 정책을 감시하고, 대안을 제시해요.

여당과 야당

대통령을 배출한 당을 여당이라고 해요

2007년 12월 19일 저녁, 사람들은 텔레비전 앞으로 모여들었어요.

"잠시 후, 제17대 대통령 선거 출구 조사 결과를 발표하겠습니다."

아나운서는 흥분한 목소리로 대통령 후보자들의 약력을 다시 한번 소개했어요.

그 시각, 한나라당과 민주당 선거 사무소에는 팽팽한 긴장이 감돌았어요.

"우리 한나라당은 10년 동안 야당이었어요. 이번에는 반드시 대통령 선거에 승리해서 여당이 되어야 합니다."

"우리 민주당이 이번에도 이겨서 계속 여당이 되어야 해."

대통령 중심제에서는 대통령을 당선시켜 정권을 잡은 정당을 여당이라고 해요. 그리고 여당을 제외한 나머지 정당들을 야당이라고 하지요.

마침내 출구 조사 결과를 발표하는 순간이 다가왔어요. 두근두근! 각 정당 관계자들은 떨리는 마음으로 발표를 기다렸어요.

5시 59분 57초, 58초, 59초……. 초침이 '12'를 가리킴과 동시에 각 방송사에서 출구 조사 결과를 발표했어요.

"17대 대통령 선거 출구 조사 결과 이명박 후보의 당선이 유력합니다."

그 순간, 이명박 후보가 속한 한나라당의 당원들은 만세를 불렀어요.

"드디어 10년 만에 우리 당이 여당이 됐다!"

반면 민주당 당원들은 아쉬움에 고개를 숙였어요.

"휴우, 이제 우리는 야당이 되는 건가……."

그런데 대통령을 당선시킨 여당이라고 해도 국회 의원 선거에서 야당보다 당선 의원 수가 적을 수 있어요. 그렇게 되면 여당이 야당보다 국회 의원 수는 적은 소수당이 되지요. 이를 흔히 '여소야대' 국회라고 불러요. 야당은 정부와 여당의 정책을 감시하고, 다음 선거 때 대통령을 배출하기 위해 노력하지요.

 의원 내각제에서의 야당과 여당

영국이나 일본 같은 의원 내각제 국가에선 의회의 의석수를 기준으로 여당과 야당을 나눠요. 의석을 많이 차지한 정당이 여당, 적게 차지한 정당이 야당이에요.

대통령이 하는 일은 너무 많아요
대통령

오늘은 대한 초등학교 3학년 3반 아이들이 역할 놀이를 하는 날이에요. 반장인 민주가 대통령 역할을 맡았어요.

"지금부터 새로운 대통령이 된 민주의 취임식이 있겠습니다."

"뭐해, 민주야! 교탁 앞으로 나가야지. 새로운 대통령은 온 국민이 보는 앞에서 대통령으로서 지켜야 할 의무를 선서해야 해."

선생님의 말에 민주는 교탁 앞으로 나왔어요.

민주가 우물쭈물하자 선생님은 대통령 취임 선서를 적은 종이를 건넸어요.

"민주야, 오른손을 들고 그 내용을 읽으렴."

"나는 헌법을 준수하고 국가를 보위하며 조국의 평화적 통일과 국민의 자유와 복리의 증진 및 민족 문화의 창달에 노력하여 대통령으로서의 직책을 성실히 수행할 것을 국민 앞에 엄숙히 선서합니다."

역할극은 계속 이어졌어요. 대통령 비서 역할을 맡은 동호는 민주에게 오늘 해야 할 일에 대해 꼼꼼하게 알려 주었어요.

"대통령님, 미국 대통령이 우리나라를 방문하오니 맞이해야 합니다."

"대통령님, 군대를 돌아보고 격려해 주셔야 합니다."

"대통령님, 국무총리와 대법원장을 임명해야 합니다."

"대통령님, 나라를 대표해서 외국과 조약을 맺어야 합니다."

민주와 동호를 비롯한 3학년 3반 아이들은 대통령 역할 놀이를 해 본 덕분에 대통령이 어떤 일을 하는지, 얼마나 많은 일을 해야 하는지 자세히 알게 되었어요.

대통령의 하루는 정말 눈코 뜰 새 없이 바빠요. 대통령은 새로운 법을 만들자고 국회에 제안하고, 국회 의원이 낸 의견을 검토하기도 해요. 또 세계를 돌아다니며 우리나라를 알리고, 나라를 대표해서 여러 국제 회의에도 참가해야 하지요. 그렇다고 대통령이 혼자 모든 일을 다 결정하는 건 아니에요. 중요한 일을 결정할 때는 국무 회의를 열어 심사를 받은 후에 결정을 해요.

 대통령 출마 자격

대한민국 국민이면서 우리나라에서 5년 이상 살았고, 40세가 넘으면 대통령 후보가 될 수 있어요. 대통령의 임기는 5년이고 두 번 할 수는 없어요.

미국의 부통령, 우리나라의 국무총리
국무총리

2008년 11월 4일, 미국에서는 대통령 선거가 치러졌어요. 그 해에 가족과 함께 미국으로 이민을 간 영민이는 텔레비전에서 버락 오바마 대통령 후보의 연설을 봤어요.

"자, 여러분! 저를 대통령으로 뽑아 주십시오. 낡은 정치를 바꾸겠습니다. 그럼 이제 저와 함께 국가를 운영해 나갈 부통령을 소개하겠습니다. 조지프 바이든입니다."

바이든은 단상으로 성큼성큼 걸어 올라와 오바마와 악수를 하고 사람들을 향해 손을 흔들었어요. 그런 다음 둘은 서로 손을 잡고 높이 치켜들었어요.

이 모습을 본 영민이는 고개를 갸웃했어요.

"아빠, 오바마 대통령 후보와 함께 손을 잡고 있는 사람은 누구예요?"

"조지프 바이든이라고, 부통령 후보란다."

"부통령이요? 이상하네요. 미국과 우리나라는 똑같은 대통령 중심제잖아요. 그런데 우리나라에는 부통령이 없는데, 왜 미국에는 부통령이 있어요?"

"미국에는 부통령이 있는 대신 우리나라처럼 국무총리는 없잖니."

"그럼 우리나라의 국무총리가 미국의 부통령과 똑같은 건가요?"

"비슷한 역할을 하지만 꼭 같은 건 아니야."

영민이는 아빠의 설명을 들으며 미국 '부통령'에 대해서는 물론이고 잘 알고 있다고 생각했던 우리나라 '국무총리'에 대해서도 새삼 많은 것을 알게 되었어요.

같은 대통령 중심제라고 해도 각 나라마다 운영하는 방법은 조금씩 달라요. 우리나라의 국무총리는 대통령이 임명하는 데 비해, 미국의 부통령은 대통령과 함께 투표로 선출되지요. 그리고 미국의 부통령 임기는 대통령과 똑같이 정해져 있지만, 우리나라 국무총리는 특별히 임기가 정해져 있지 않아요.

이처럼 선출 방식이나 임기는 다르지만 정부가 하는 일을 앞장서서 이끌어 가고, 대통령이 사망할 경우 권한을 그대로 물려받아 행사한다는 점에서는 부통령과 국무총리가 비슷하다고 할 수 있지요.

나라 살림을 꾸려 가는 기관들이 모여 있어요
행정부

"자, 오늘 숙제는 행정부에 대해 조사해 오는 거예요."
선생님의 말에 아이들은 수군거렸어요.
"행정부, 그게 뭐지?"
"글쎄, 사회 시간에 들어 보긴 했는데……."
지우는 집으로 돌아오자마자 아빠에게 갔어요.
"아빠, 행정부가 뭐예요?"
"대통령, 국무총리, 각 부의 장관들이 모여 나랏일을 처리하는 곳이지."

"아빠, 조금 더 구체적으로 말씀해 주세요."

"어, 그러니까 말이다. 행정부는 열다섯 개의 부로 이루어져 있어. 그 부를 이끌어 가는 사람을 장관이라고 하지. 대통령 혼자 나라 살림을 할 수 없잖니? 그래서 국무총리와 각 부의 장관들이 한자리에 모여 국무 회의를 하고, 이 자리에서 의논하고 결정된 일들은 각 행정부를 통해 처리된단다."

설명이 복잡해지자 지우는 수첩을 꺼내 들고, 받아 적기 시작했어요.

"아빠 그럼 열다섯 개의 각 부에서는 어떤 일을 하죠?"

"하하, 그렇게 수첩에 적으면서 물어보는 폼이 마치 기자 같구나. 다 얘기하려면 너무 기니까 간단하게 몇 가지만 얘기해 주마. 예를 들면 다른 나라가 우리나라를 침략하지 못하도록 하는 일은 국방부에서, 교육과 관련된 문제는 교육 과학 기술부에서, 환경에 관한 일은 환경부에서, 여성에 관한 일은 여성 가족부에서, 나라 살림에 관한 일은 기획 재정부에서, 농사일 등에 관한 일은 농림 수산 식품부에서, 건설 등에 관한 일은 국토 해양부에서 맡아서 하지."

행정부는 국가의 여러 가지 정책을 개발하고 실천하는 국가 기관이에요.

행정부에는 기획 재정부, 교육 과학 기술부, 외교 통상부, 통일부, 고용 노동부, 법무부, 국방부, 행정 안전부, 문화 체육 관광부, 여성 가족부, 농림 수산 식품부, 지식 경제부, 보건 복지부, 환경부, 국토 해양부 등 15개의 부가 있어요.

행정부가 이렇게 여러 부서로 나뉘어 일을 하는 것은 나라의 살림살이를 좀 더 능률적으로 하기 위해서예요.

법 앞에서는 모두가 평등해요
사법부

1996년, 성주는 가족들과 함께 뉴스를 보다가 깜짝 놀랐어요.

"전두환과 노태우, 두 전 대통령이 재판을 받게 되었습니다."

"형, 대통령이었던 사람도 재판을 받아?"

그러자 성주의 형 성민이는 정색을 하고 말했어요.

"당연하지. 누구나 죄를 지으면 법의 판결을 받아야 하는 거야."

"두 대통령들이 무슨 죄를 지었는데?"

"그들은 군인들을 앞세워 민주주의를 외치는 광주 시민들을 무참하게 진

압했어. 게다가 민주화 운동을 하던 사람들을 고문하고, 거짓 죄를 씌워 감옥에 보냈지. 그뿐이 아니야. 불법적으로 사방에서 돈을 끌어모아 자기 재산을 불렸어. 이 두 사람은 죄가 너무 커."

얼마 후, 법의 심판대 앞에 선 두 전직 대통령에게 다음과 같은 판결이 내려졌지요.

"전두환과 노태우 두 사람은 반란죄, 내란죄, 수뢰죄를 적용하여 다음과 같이 선고합니다. 전두환 사형! 노태우 징역 22년 6개월!"

이때 많은 국민들이 사법부의 결정을 환영했어요.

"이제야 우리나라의 민주주의가 제대로 정착되는 거 같아."

"맞아, 그동안에는 사법부가 행정부의 힘에 눌려 제 역할을 못했지. 이제야 비로소 사법부답군 그래."

그러나 1997년, 두 사람은 국민 대화합이라는 명분으로 대통령 사면을 받았어요.

사법부는 법률을 어긴 사람을 심판하는 역할을 하는 대법원 및 대법원이 관할하는 모든 기관을 통틀어 이르는 말이에요. 사법권은 정부 기관으로부터 완전히 독립되어 있어야 해요. 그래야 어떤 압력에도 흔들리지 않고 공정하게 법에 따라서만 재판을 할 수 있을 테니까요. 민주주의 사회에서는 법원이 재판을 통해 지위나 경제력과 상관없이 공정한 판결을 내려야 해요. 그래야만 사회 질서가 바르게 유지될 수 있는 것이지요.

국회 의원은 100일 동안만 일을 하나요?
국회

　민범이는 아빠와 함께 국회 의사당에 견학을 갔어요. 민범이 아빠는 제주도에서 국회 의원에 출마한 적이 있어요. 비록 아깝게 당선되지 못했지만 국회에 대해서는 아주 잘 알고 있지요.

　민범이와 아빠는 가장 먼저 본 회의장으로 갔어요.

"민범아, 여기가 바로 국회 본 회의장이란다."

"어, 그런데 왜 국회 의원들이 한 명도 없어요?"

"왜냐하면 지금은 국회 의원들이 일할 시기가 아니거든. 국회 의원들이라고 일 년 내내 국회에서 일을 하는 게 아니야."

"그럼 언제 일을 해요?"

"국회 의원들은 '국회 회기'에 국회 본 회의장에 모여 회의를 하지. 일 년에 한 번 정기 국회가 열리는데 100일 동안 나라의 예산을 심의하고, 법률을 의결하고, 기타 여러 가지 밀린 일을 처리한단다."

"그럼 국회 의원들은 1년에 100일 동안만 일을 하는 거예요? 그럼 국회 의원들은 노는 시간이 엄청 많겠네요."

민범이의 질문에 아빠는 빙그레 웃었어요.

"그럴 리가 있겠니. 임시 국회가 열리기도 하고, 회의가 열리지 않을 때는 자신의 지역구를 돌보거나 주요 문제를 해결할 방법을 연구하는 일을 하지."

민주 국가에서는 행정부, 사법부, 입법부가 힘을 나누어 가지고 있어요. 그중에서 국회는 입법부에 해당해요. 각 지역에서 뽑힌 국회 의원들은 국민을 대신해 국회에 모여 우리에게 꼭 필요한 법을 만들어요.

국회는 나라 살림에 대한 결정권도 가지고 있어요. 정부가 국민들이 낸 세금을 어디에 얼마나 쓰는지 심사하고 감시하는 역할을 하고 있지요. 또 국회는 정부가 하는 일을 감독하는 역할도 하는데, 다른 나라에 돈을 빌려 주거나 조약을 맺을 때, 외국에 군대를 보낼 때, 대통령이 국무총리나 대법원장, 감사원장을 임명할 때 등은 정부가 꼭 국회의 허락을 받아야 해요.

 국회의 의사 결정 방식

여러 정당의 국회 의원들이 모여서 여러 가지 문제를 토론하다 보면 의견이 다를 때가 많아요. 이럴 때는 다수결의 원칙에 따라 투표로 결정해요.

후보자에게 한 표, 정당에 한 표
국회 의원 선거

오늘부터 국회 의원 선거 운동이 시작되었어요. 광수와 정미는 학교 가는 길에 선거 운동 하는 아줌마들을 봤어요.

"와, 재미있다. 똑같이 옷을 맞춰 입은 아줌마들이 신 나는 음악에 맞춰서 열심히 구호를 외치네."

"정미야, 저기! 후보자가 마이크 들고 연설을 하는데!"

그때 누군가 광수와 정미의 머리를 쓰다듬었어요.

"이광수, 박정미! 국회 의원 선거에 관심이 많네. 그런데 그러다 지각하면 선생님한테 혼날 텐데."

머리를 쓰다듬은 사람은 바로 담임 선생님이었어요. 광수와 정미는 담임 선생님보다 빨리 교실에 들어가기 위해 열심히 뛰었어요.

"너희들, 곧 국회 의원 선거가 있는 거 알고 있니?"

수업 시간에 선생님이 물으셨어요.

"국회 의원은 자기가 사는 지역을 대표해서 국회로 가서 정치를 하는 사람이란다. 그렇기 때문에 신중하게 잘 뽑아야 해. 국회 의원에는 직접 선거를 통해 뽑은 지역구 의원과 비례 대표 의원이 있지."

"선생님, 비례 대표 의원은 뭐예요?"

"응, 비례 대표는 국민이 각 정당에 투표한 비율에 따라 선발되는 국회 의원을 말해. 각 당에서는 투표 전에 비례 대표 의원을 순서대로 미리 정해 두지. 주로 사회 각 분야에서 전문적이고 뛰어난 능력을 가진 사람들로 말이야."

현재 우리나라 국회 의원 선거는 1인 2표제예요. 한 표는 마음에 드는 후보자에게 투표하고, 또 한 표는 마음에 드는 정당에 투표하는 방식이지요. 이 정당 득표율에 따라 각 당의 비례 대표 의원의 수가 결정돼요. 따라서 지역구 의원을 한 명도 배출하지 못한 정당이라고 해도 정당 투표에서 3퍼센트 이상 득표를 하면 비례 대표 의원을 탄생시킬 수 있어요.

 국회 의원의 임기

국회 의원의 임기는 4년이에요. 성실하게 국회 의원의 임무를 잘 수행했으면 주민들이 다시 뽑아 주어 몇 번이고 계속할 수도 있지요.

국회 의원은 특별한 권리를 가져요
면책 특권·불체포 특권

얼마 전, 김왕용 의원은 국회에서 깜짝 놀랄 만한 말을 했어요.
"지난 총선에서 대통령님이 한 기업가에게 뇌물을 받았습니다."
그 말을 들은 최희갑 국회 의원은 펄쩍 뛰었어요.
"아니, 김왕용 의원! 그게 무슨 말도 안 되는 소리요? 증거 있어요?"
"당연하지요. 확실한 증거가 있습니다."
다음 날, 김왕용 의원의 말은 신문에 크게 보도되었어요.
'대통령이 뇌물을 받았다!'

하지만 그 후 김왕용 의원은 아무런 증거도 제시하지 못했어요.

"기자 회견을 해서 사실을 낱낱이 밝히시오."

많은 사람들의 요구에도 그는 입을 다물었어요.

그러자 대통령을 지지하는 시민들이 화를 냈어요.

"죄 없는 사람에게 죄를 뒤집어씌우려고 거짓말을 한 거잖아."

"김왕용 의원은 이런 식으로 다른 정치인을 모욕한 게 한두 번이 아니야."

며칠 후, 몇몇 시민들이 김왕용 의원을 검찰에 고소하려고 변호사를 찾았어요. 그러나 변호사는 머리를 절레절레 흔들었어요.

"죄송합니다. 고소를 해도 소용없을 겁니다."

"왜요?"

"국회 의원은 국회 회의 중에 한 말이나 표결에 대해서는 책임을 지지 않아도 되는 면책 특권을 가지고 있거든요."

국회 의원은 국민들을 대신해서 나라의 중요한 일을 하는 사람들이에요. 그래서 아주 특별한 권리가 있어요. 그중 대표적인 것이 바로 면책 특권과 불체포 특권이에요. 불체포 특권이란 현행범인 경우를 제외하고 국회가 열려 일을 하고 있을 때는 체포나 구금을 당하지 않는 권리예요. 이것은 국회 의원이 국민을 대표하여 소신 있게 일을 할 수 있게 하기 위한 것이에요.

반면에 국회 의원으로서 지켜야 할 의무도 있어요. 무엇보다 청렴해야 하고, 국회 의원의 지위를 아무 데서나 함부로 행사하면 안 돼요. 또 국회 의원 이외에 다른 직업을 가져서도 안 된답니다.

중요한 안건일 때 직접 사람을 불러서 들어봐요
국회 청문회

"이번에 뽑힌 농림 수산 식품부 장관은 아무래도 능력이 부족한 것 같아."
"맞아, 잘못된 정책을 내놓은 바람에 우리 농민들이 큰 피해를 입고 있어."
"대통령은 왜 그런 사람을 장관으로 뽑은 거지?"

예전에는 장관이나 총리가 잘못을 저지를 때마다 뒤늦게 사람을 잘못 뽑았다는 불만이 터져 나오곤 했어요. 이런 문제점을 해결하고자 2000년도에 인사 청문회 법이 처음 만들어졌어요. 총리나 장관 후보자는 국회 의원들이 여는 인사 청문회에서 검증을 받아야 정식으로 일을 할 수 있게 되는 것이지요.

홍민국 국회 의원은 입을 굳게 다문 채 인사 청문회 회장으로 향했어요. 그곳엔 이미 많은 국회 의원들이 자리하고 있었어요.

"자, 그럼 지금부터 인사 청문회를 시작하겠습니다. 농림 수산 식품부 장관 후보자에 대해 궁금한 점이 있는 의원님들은 질문을 해 주십시오."

홍민국 국회 의원이 가장 먼저 손을 들었어요.

"지금까지 세금을 성실하게 냈습니까?"

"네, 물론입니다."

농림부 장관 후보자는 당당하게 말했어요.

"아들 셋 중에 두 명이 군대를 안 갔는데, 그 이유가 무엇입니까?"

"아들들이 군대에 안 간 게 문제가 되나요?"

"당연하지요. 장관은 누구보다 법과 사회적 의무를 잘 지켜야 하니까요."

홍민국 국회 의원은 장관 후보자의 자질을 알아보기 위해 계속 날카로운 질문을 퍼부었어요.

국회 인사 청문회에서는 총리나 장관 후보자가 부정부패를 저지르진 않았는지, 국민의 의무는 다했는지, 업무 수행 능력이 있는지 등을 묻고, 적합하다고 생각하면 통과시켜요. 청문회는 인사 외에도 조사나 입법을 위한 경우도 있어요. 우리나라에서는 1988년 전두환 정권의 비리 조사를 위해 처음으로 국회 청문회가 열렸어요. 그 후 5·18 광주 민주화 운동 청문회 등 많은 국민들이 관심을 가지는 중요한 정치 문제가 있을 때마다 청문회가 열렸어요.

많은 혜택을 받으며 정책을 실현해 갈 수 있어요
교섭 단체

텔레비전을 통해 2008년 18대 국회 의원 총선거의 결과가 속속 발표되고 있었어요. 그 가운데 자유 선진당 사무실은 술렁이기 시작했어요.

"지금까지 우리 당에서 17명이 국회 의원에 당선되었습니다."

"그래요? 그럼 이제 3명만 더 당선되면 되겠네요."

잠시 후, 후보자가 한 명 더 당선되었어요. 그러자 자유 선진당 사무실에서는 우렁찬 박수가 터져 나왔어요. 선거 결과 방송을 하던 아나운서도 흥분된 목소리로 말했어요.

"이제 2명만 더 당선되면 자유 선진당도 교섭 단체를 만들 수 있습니다."
하지만 자유 선진당에서는 더 이상 당선자가 나오지 않았어요.
"휴우, 2명만 더 당선됐으면 원내 교섭 단체를 만들 수 있었을 텐데."
아빠와 함께 방송을 보고 있던 은경이가 물었어요.
"아빠, 교섭 단체가 뭐예요?"
"음, 쉽게 얘기하면 국회의 중요한 안건에 대해서 어떻게 처리할지 사전에 모여서 협의할 수 있는 단체야. 다뤄야 할 안건이 아주 많은 국회에서 의사 결정을 좀 더 효율적으로 빨리할 수 있도록 하는 제도이지. 교섭 단체를 구성하면 국회 상임 위원장 자리도 차지할 수 있고, 소속 의원들의 입법 활동을 도와주는 정책 연구 위원도 둘 수 있어 의정 활동이 편해지기도 하지."
"교섭 단체는 어떻게 만드는 거예요?"
"교섭 단체를 만들려면 국회 의원 수가 20인 이상이어야 해."
국회에 20인 이상의 소속 의원을 가진 정당은 하나의 교섭 단체를 만들 수 있어요. 그런데 다른 교섭 단체에 속하지 않은 20인 이상의 의원들이 모여 따로 교섭 단체를 구성할 수도 있어요. 교섭 단체는 훨씬 유리한 입장에서 자신들의 정책을 실현해 나갈 수 있어요. 국고 보조금을 많이 받을 수 있고, 국회에서 상임 위원회 위원장 자리를 배분받을 수도 있으며, 교섭 단체 대표 연설도 할 수 있고, 법안을 내놓는 일도 편하게 할 수 있지요.

공공 기관

우리 고장을 위해 일해요

은경이와 기찬이는 시민 일보의 어린이 명예 기자예요. 오늘은 '우리 고장의 여러 공공 기관이 하는 일'이라는 제목으로 기사를 쓰기 위해 함께 취재를 하러 가는 길이에요.

"어디부터 시작해야 하지?"

"일단 시청으로 가 보자. 시청은 우리 고장의 대표적인 공공 기관이잖아."

은경이와 기찬이는 버스를 타고 시청으로 갔어요.

"지나가면서 본 적은 있지만 직접 찾아와 보기는 처음이야."

"나도 그래. 그나저나 시청은 어떤 일을 하는 곳일까?"

신이 나서 시청 안으로 들어간 은경이는 시청에서 근무하는 향기 엄마를 먼저 찾아갔어요.

"내가 향기 어머니께 미리 연락 드렸어."

향기 엄마는 두 사람을 반갑게 맞아 주었어요.

"그래, 어린이 명예 기자님들! 뭘 취재하러 왔니?"

"시청에서는 어떤 일을 하는지 취재하고 싶어요."

은경이와 기찬이는 수첩을 꺼내 들고 열심히 듣고 적었어요. 그리고 곧바로 시청을 나와 주민 센터도 취재했어요.

시청에서는 시 전체의 살림살이를 맡아 하면서 주민이 편리하게 살 수 있도록 여러 가지 일을 해요. 시의 발전을 위해 종합 개발 계획을 세우고, 주민들의 소득을 늘리는 사업도 하고, 도로나 다리 등도 만들고 정비하지요.

주민 센터에서는 주민 등록증을 만들어 주기도 하고, 아이가 태어났을 때 출생 신고도 해 줘요. 동네 어른이 돌아가시면 사망 신고를 처리해 주기도 하지요. 또 가난한 이웃을 돌봐주는 일, 주민 등록 초본 등 여러 가지 서류를 발급해 주는 일도 해요.

 **우리 고장의 공공 기관들**

구청, 군청, 도청, 교육청, 경찰서, 소방서, 우체국, 보건소 등도 우리 고장의 공공 기관이에요.

각 지역 실정에 맞는 정치를 해요
지방 자치 제도

　예전에는 대통령이 우리나라 각 지방의 모든 행정까지 책임지고 운영했어요. 지방의 시장, 도지사, 구청장, 군수 등 지방 행정관들도 대통령이 직접 임명했지요. 그러다 보니 여러 가지 문제가 생겼어요.

　"대통령님, 이번에 강원도 군수가 뇌물을 받아 문제를 일으켰습니다. 그 문제로 요즘 강원 도민들이 대통령님에게 책임을 묻고 있습니다."

　"아니, 강원도 군수가 잘못한 일을 왜 나에게 책임을 묻습니까?"

　"대통령님이 군수를 직접 임명하셨잖아요. 그러니까 임명한 사람이 책임을 지라는 얘기죠."

얼마 후, 비서관이 또 대통령에게 물었어요.

"대통령님, 경상남도의 한 마을 주민들이 세금을 잘 안 낸다고 합니다."

"이유가 뭡니까?"

"글쎄요, 지방에서 일어나는 일에 대해서는 아는 게 별로 없어서……."

"끙, 지방의 사소한 일들을 해결하기 위해 내가 일일이 나설 수도 없고. 무슨 좋은 대책이 없겠소?"

정치인들은 머리를 맞대고 대책을 의논하기 시작했어요.

"사실 대통령이 지역의 문제까지 속속들이 파악하는 건 불가능합니다."

"지역에서 일어나는 일은 그 지역 사람들이 스스로 해결하도록 하는 게 어떨까요? 주민들 스스로 자기 고장을 이끌어 갈 정치인들을 뽑으면 그 지역의 형편에 맞는 정치가 이루어질 수 있을 겁니다. 주민들이 정치, 사회, 교육, 문화 같은 문제들을 스스로 결정하고 처리할 수 있도록 하는 거예요. 이거야말로 진정한 민주주의 정치가 실현되는 제도라고 할 수 있지요."

"아! 그거 정말 좋은 방법입니다."

이렇게 해서 1995년 우리나라에 지방 자치 제도가 실시되었어요.

각기 다른 환경에서 살고 있는 사람들에게 무조건 똑같은 제도를 적용시키는 것은 오히려 부적절하다는 생각에서 지방 자치 제도가 생겼어요. '자치'란 말 그대로 '스스로 다스린다'라는 뜻이에요. 지방 자치 제도에 따라 각 지역에서 할 수 있는 일들은 도지사, 시장, 구청장, 군수 같은 지방 자치 단체장들을 중심으로 처리하고 있어요.

어떤 지역에서는 왜 한 정당만 당선될까요?
지역감정

　1971년 4월, 박정희와 김대중이 대통령 후보로 나왔어요. 그런데 시간이 지날수록 김대중 후보의 인기가 점점 높아지자 위기를 느낀 박정희 후보 측은 회의를 했어요.

"여러분! 이번 선거에서 표를 더 많이 얻을 수 있는 방법이 없겠습니까?"

"우리 후보님은 경상도 사람이고, 김대중 후보는 전라도 사람입니다."

"그런데요?"

"경상도 인구가 전라도 인구보다 훨씬 더 많습니다. 그러니까 경상도 사람들을 우리 쪽으로 끌어들이면 선거에서 이길 수 있을 겁니다."

이때부터 박정희 선거 캠프에서는 일부러 지역감정을 불러일으켰어요.

"똑같은 조건이라면 자기 고향 사람에게 표를 줍시다."

심지어 이렇게 노골적으로 말하는 정치인들도 있었어요.

"경상도 출신 대통령을 뽑지 않으면 우리 경상도 사람들은 개밥에 도토리 신세가 될 겁니다."

"경상도 사람 중에서 박정희 후보를 안 찍는 사람은 이상한 사람입니다."

그러자 김대중 후보 측에서도 전라도 사람들에게 표를 호소했어요.

결국 대통령에 당선된 박정희는 경상도의 발전을 위해 여러 가지 일을 했어요. 경상도에 고속도로를 가장 먼저 만들고, 산업 기반 시설도 많이 세웠지요. 반면에 전라도에는 거의 지원을 하지 않았어요.

이렇게 해서 전라도 사람들과 경상도 사람들의 갈등이 생겨났어요. 이를 지역감정이라고 해요. 그런데 더 큰 문제는 선거에 이기려고 정치인들이 이 지역감정을 거듭해서 이용했다는 거예요.

"우리 당은 전라도를 위한 당입니다. 전라도에 기반을 둔 정당이 주민을 위해 더 많은 일을 할 수 있습니다."

"우리 당은 경상도 정당입니다. 경상도 사람을 뽑아 주십시오."

그동안 많은 유권자들이 이런 지역감정에 이끌려 투표를 했어요. 그러다 보니, 누가 진정으로 좋은 정치를 하느냐는 따지지 않았지요. 이 때문에 지역감정을 '나라를 망하게 하는 고질병'이라고 해요. 이제 지역감정을 부추기는 정치인들은 사라져야 해요.

우리 동네에는 무조건 안 돼요
님비 현상

"주민 여러분, 오늘은 반상회가 있는 날입니다. 오늘은 우리 지역에 화장장을 건설하는 문제에 대해 주민 여러분의 의견을 듣고자 합니다. 모두 참석해 주세요."

안내 방송을 들은 현정이 엄마는 서둘러 반상회에 갈 준비를 했어요. 이번 반상회에는 다른 때보다 많은 주민들이 참여했어요.

"화장장이 생기면 동네 이미지가 나빠져서 집값이 떨어질 겁니다."

"어디 기분이 찜찜해서 사람들이 우리 동네에 이사를 오겠어요?"

"저는 식당을 하고 있는데, 화장장이 근처에 생기면 장사가 안 될 거예요."

"곡하는 소리가 들리면 누가 좋아하겠어요?"

그러자 시청 공무원이 새로 생길 화장장에 대해 설명을 해 주었어요.

"이번에 새로 생기는 화장장은 첨단 기법으로 지어 냄새도 없고, 연기도 나지 않습니다. 게다가 주변을 아름다운 공원으로 꾸밀 것입니다. 서로 조금씩 양보해서 동네에 도움이 되는 쪽으로 문제를 풀어 갔으면 좋겠어요."

하지만 동네 주민들은 심하게 반대했어요.

"필요 없어요. 화장장은 무조건 반대예요."

"우리 동네에는 절대 화장장을 지을 수 없어요."

혐오 시설을 다른 곳에 세울 수는 있어도 우리 동네에는 세울 수 없다고 주장하는 현상을 '님비 현상'이라고 해요. 님비 현상 때문에 시설 후보 예정지 주민과 중앙 정부 및 지방 정부와 갈등이 종종 일어나지요. 화장장이나 쓰레기 매립장 같은 시설은 누구나 싫어하지만 어딘가에는 꼭 있어야 할 시설이에요. 모두가 이용해야만 하는 시설인데 무조건 반대만 하면 어떻게 되겠어요? 그리고 정부에서도 혐오 시설의 단점을 극복할 수 있는 다양한 아이디어를 개발하고, 지역 주민들과 함께 머리를 맞대고 지역에 도움이 되는 내용을 마련하려는 노력을 게을리하지 말아야 해요.

 핌피 현상

님비와는 반대로, 자기 지역에 도움이 되는 시설을 유치하려고 하는 현상을 말해요. 이득이 되는 시설만 유치하려는 것 역시 지역 이기주의의 또 다른 모습이에요.

정부가 한 일을 검사하고 감시해요
국정 감사

얼마 전, 김철칙 국회 의원에게 조카인 우문이가 전화를 걸었어요.

"삼촌, 요즘 많이 바쁘세요?"

"아, 미안! 9월에 국정 감사가 있어서 열심히 준비해야 하거든."

"국정 감사가 뭐 하는 건데요?"

"국정 감사는 국가 기관이 한 해 동안 일을 잘했는지 평가하는 자리야. 예전에는 정부에서 마음대로 했기 때문에 비리와 부정부패가 많았어. 그래서 국회에서 국정 감사를 시작하게 된 거야."

김철칙 의원은 이번 국정 감사 주제를 '버스 전용 차로제 실시에 따른 문제점'으로 정했어요. 그는 거리에 직접 나가서 버스 전용 차로제 때문에 불편을 당한 시민들을 만나 인터뷰도 하고 사진도 찍고, 문제점을 잘 정리했어요.

마침내 국정 감사가 시작되었어요. 김철칙 의원은 서울시 관계자에게 문제점을 지적했어요.

"버스 전용 차로제를 잘못 시행해서 시민들이 불편을 겪는 사례가 있다는 사실을 알고 있습니까?"

"그, 글쎄요. 잘 모르겠는데요."

그러자 김철칙 의원은 문제가 있는 부분에 대해 일일이 지적했어요.

"시속 100킬로미터로 차들이 쌩쌩 달리는 곳에 정거장을 만드는 바람에 시민들의 안전이 위협 받고 있어요. 자, 이 사진을 보세요."

김철칙 씨는 서울시 관계자를 다그쳤어요.

그제야 서울시 관계자는 잘못된 부분을 고치겠다고 말했어요.

국정 감사는 매년 9월에 국회가 정기적으로 하는, 나라 정치에 대한 감시 활동이에요. 국회 의원들은 전국의 각 행정 기관을 찾아 업무 보고를 받고 잘못된 점을 지적해요. 이때 국회 의원에게는 관련 서류 제출 요구권을 비롯해 여러 가지 권한이 주어져요. 국가 기관에서 일하는 모든 공무원들은 누구나 국회 의원의 국정 감사에 성실하게 응해야 해요.

온라인으로 정치에 참여할 수 있어요
전자 민주주의

"현아가 오늘은 왜 이렇게 늦지?"

엄마는 학원 버스가 오는 방향을 바라보며 발을 동동 구르고 있었어요.

한참 후, 기다리던 학원 버스가 왔어요.

"엄마, 추운데 왜 나와 계세요?"

"길이 너무 어두워서, 우리 딸 걱정돼서 나왔지. 가로등이 고장 난 지가 언젠데, 아직 고치지 않고 있으니……. 나 원 참!"

엄마는 현아의 가방을 대신 들고, 씩씩거리며 집으로 돌아왔어요.

"엄마, 이 밤에 인터넷은 왜 켜요?"

"국민 신문고에 민원 좀 넣으려고."

"인터넷으로 민원도 할 수 있어요?"

"그럼, 웹 사이트에 들어가면 누구나 민원을 넣을 수 있어."

"에이, 그런 거 해 봐야 소용없는 거 아녜요? 누가 보겠어요?"

"되는지 안 되는지는 해 봐야 알지. 누구나 인터넷으로 정부나 지역 관공서에 민원이나 정책 제안을 할 수 있다고 했단 말이야."

며칠 뒤, 엄마가 인터넷을 보며 현아에게 말했어요.

"현아야, 이것 좀 봐. 민원이 접수됐나 봐. 가로등을 고쳐 주겠대."

"어, 정말요!"

정보 기술과 인터넷이 빠르게 발전하면서 등장한 게 바로 '전자 민주주의'예요. 인터넷을 통해 정치에 참여하는 것을 전자 민주주의라고 하지요. 전자 민주주의는 정치인을 뽑아 대신 정치를 하도록 하는 대의 민주주의의 단점을 보완할 수 있어요. 이메일로 의견 보내기, 온라인 투표하기, 민원 접수 등을 통해 국민들이 직접 정치에 참여하거나 불만 사항을 전달할 수 있으니까요. 하지만 인터넷이 서툰 노인층의 의견을 듣기 힘들고, 인신공격을 하거나 사생활을 침해할 수 있다는 단점도 있어요.

전자 민주주의의 여러 가지 방법

- 온라인으로 정책에 대한 투표를 하거나 선거에 참여하는 일.
- 온라인으로 선거 후보에 대한 동영상을 공유하거나 후원금을 모금하는 일.
- 인터넷으로 여론 조사를 하는 일.
- 인터넷으로 영향력이 큰 안건에 대해 여러 사람이 의견을 나누는 공청회를 개최하는 일.

대통령의 임기가 얼마 남지 않았어요
레임덕 현상

"서울에 몰려 있는 공공 기업을 지방으로 이전하겠습니다."

공공 기업은 국가에서 책임지고 운영하는 기업이에요. 새로 뽑힌 대통령은 공공 기업을 지방으로 이전시키기 위해 여러 정책을 발표했어요.

"대통령님, 왜 공기업을 지방으로 이전하려고 하시죠?"

"그래야 우리나라가 균형 있게 발전할 수 있습니다. 지금은 거의 모든 기업이 서울과 경기도에 집중되어 있어요. 기업을 지방으로 옮기면 지방의 경제가 살아날 겁니다. 제 말을 믿고 지지해 주시기 바랍니다."

"알겠습니다."

처음엔 공공 기업 관계자들도 대통령의 정책에 적극 협력하는 것처럼 보였어요. 하지만 대통령 임기가 1년 정도밖에 남지 않자 태도를 싹 바꿨어요.

"기업을 지방으로 옮기면 불편한 점이 많아. 협조하지 말아야지."

"어차피 대통령 임기도 1년밖에 남지 않았어. 조그만 버티면 이전하지 않아도 될 거야."

결국 관계자들이 끝까지 제대로 협조를 하지 않는 바람에 대통령의 정책은 흐지부지되고 말았어요.

이처럼 대통령의 임기가 얼마 남지 않았을 때 사람들이 대통령의 말을 잘 따르지 않는 현상을 가리켜 '레임덕(절름발이 오리라는 뜻)'이라고 해요. 이 말은 미국 남북 전쟁 때부터 사용되었는데, 대통령이 임기 말에 내놓는 정책이 마치 뒤뚱거리며 걷는 오리처럼 불안하다고 해서 붙여진 말이에요.

레임덕 현상은 대통령의 임기 말에 주로 일어나며, 대통령 단임제 국가에서 더 심하게 일어나요. 대통령 단임제에서는 대통령을 한 번밖에 할 수 없거든요. 그래서 임기 말이 되면 곧 물러날 대통령이 추진하는 정책을 적극적으로 돕는 사람들이 거의 없답니다.

 **데드덕**

'데드덕'(죽은 오리라는 뜻)은 정치 생명이 끝난 사람, 전혀 가망 없는 정치인을 가리키는 말이에요. 또는 실패했거나, 실패할 확률이 아주 높은 정책을 말하기도 해요.

나라 살림살이를 위해서 세금을 내요
세금

어느 날, 국세청 직원들이 서울의 어느 피부과에 들이닥쳤어요. 국세청은 국민들이 내는 세금을 관리하는 국가 기관이에요.

"진료비 청구서 좀 보여 주십시오."

"누, 누구시죠?"

"국세청에서 나왔습니다."

"국세청에서 왜요?"

"이 피부과는 벌어들인 돈을 충실히 신고하지 않았습니다."

"무, 무슨 소리예요? 그런 일 없습니다."

피부과 원장은 딱 잡아떼었어요. 하지만 거짓말이라는 게 금방 탄로나고 말았어요.

"창고에 숨겨 둔 이 진료 차트는 뭡니까? 이런 방법으로 소득을 축소해 신고하고 세금을 덜 냈군요?"

"실제 이 병원에서 근무하지도 않는 자녀를 여기서 일하는 것처럼 꾸며 인건비를 거짓으로 계산했고요. 이런 방법으로 2억 원의 소득을 숨겼군요."

"그동안 안 낸 세금 5억 원을 내십시오."

국세청 직원들이 명백한 증거를 들이밀자 원장은 고개를 숙였어요.

세금은 국가가 각종 공공 사업을 위해 국민으로부터 강제로 거두어들이는 돈이나 물건을 말해요. 나라 살림을 책임지고 있는 국가는 세금으로 여러 가지 일을 해요. 도서관이나 공원을 만들고, 먹을 물과 쓰레기 처리를 관리하고, 필요한 도로와 건물들을 새로 만들고, 나라를 지키는 군대를 유지하고, 재해로 큰 피해를 입은 사람들을 지원하기도 하지요. 또 국가 기관에서 일하는 공무원들에게 월급을 주는 데도 세금이 사용된답니다.

간접세와 직접세

직접세는 세금을 내야 하는 사람이 직접 내는 세금이에요. 돈을 많이 버는 사람은 많이 내고, 적게 버는 사람은 적게 내요. 소득세나 상속세 같은 것이 있어요. 이에 비해 간접세는 물건이나 서비스를 살 때 그 값에 포함되어 있는 세금이에요. 모든 물건에는 간접세가 붙어 있어요.

무역 장벽도 없애고 관세도 없애고
자유 무역 협정(FTA)

무역은 나라와 나라 사이에 서로 물건을 사고파는 걸 말해요. 2004년, 우리나라와 칠레는 '한·칠레 자유 무역 협정'을 맺었어요.

"이제부터 대한민국과 칠레는 관세를 줄이거나 없애고, 무역을 방해하는 제한들을 풀고 자유롭게 무역을 하기로 했습니다."

이 소식이 전해지자 칠레 상인들과 우리나라 상인들은 환영했어요.

"대한민국에 칠레의 와인, 포도 등을 수출하면 큰돈을 벌 수 있을 거야."

"칠레에 텔레비전이나 휴대폰을 수출하면 큰 이익을 남길 수 있겠군."

자유 무역 협정을 맺기로 약속한 뒤부터 칠레와의 무역이 아주 활발하게 이루어지기 시작했어요. 칠레 사람들은 좀 더 싼 가격에 질 좋은 한국의 전자 제품을 살 수 있게 되었어요. 우리도 칠레의 값싸고 맛있는 농수산물을 살 수 있게 되었지요. 이런 이유 때문에 국가에서는 자유 무역 협정을 맺으려고 하는 거예요. 두 나라가 관세를 내리거나 없애면 무역이 더욱 활발하게 이루어질 테고, 그 덕분에 사람들이 이득을 볼 수 있다고 생각하기 때문이지요.

　물론 자유 무역 협정이 누구에게나 좋은 것만은 아니에요.

　"칠레에서 들어오는 포도 때문에 올해 농사 지은 포도가 잘 안 팔리고 있어. 이러다가는 포도 농사를 그만두어야 할 거 같아."

　"우리 어부들은 더 죽겠어. 너무 싼 칠레 어류 때문에 우리 어민들이 잡은 물고기는 안 팔리고 있어. 앞으로도 계속 이럴 텐데, 살길이 정말 막막해."

　이런 이유로 자유 무역 협정을 반대하는 사람들도 많지요.

　정부에서는 관세를 낮추면 물건 값도 싸져서 해외에서 우리나라 물건을 팔기 쉽다고 판단해 여러 나라와 자유 무역 협정을 계속 맺고 있어요. 현재 우리 정부는 미국, 싱가포르, 인도, 페루, 유럽 등과 자유 무역 협정을 맺었고 또 새로 여러 나라와 협정을 추진하고 있어요. 하지만 지나친 개방 정책에 반대하는 사람들도 많답니다.

 국회 동의가 필요한 조약

상호 원조 또는 안전 보장에 관한 조약, 중요한 국제 조직에 관한 조약, 우호 통상 항해 조약, 주권의 제약에 관한 조약, 강화 조약, 국가나 국민에게 중대한 재정적 부담을 지우는 조약 또는 입법 사항에 관한 조약 등을 체결하거나 비준할 때는 국민을 대표하는 기관인 국회의 동의가 필요해요. FTA도 국회 동의가 필요한 경우예요.

국민 고충을 해결해 줘요
옴부즈맨

"아빠, 배가 아파요."

밤 10시, 철민이는 배를 움켜쥐고 아빠를 불렀어요.

"왜 그러니?"

"배가 아파요. 저녁에 먹은 생선 때문에 그런 거 같아요."

아빠가 손을 따 주었지만 체기는 가시지 않았어요.

"여보, 집에 소화제 없어요?"

"없어요, 약국에 가서 사 와야 할 거 같아요."

아빠는 서둘러 약국으로 향했어요. 하지만 집 앞 약국은 이미 문을 닫았고, 다른 약국을 찾아보았지만 마찬가지였어요. 빈손으로 돌아온 아빠에게 엄마가 물었어요.

"약 안 사 왔어요?"

"안 사 온 게 아니고, 못 사 온 거예요. 약국이 모두 문을 닫았어요."

"네? 그럼 밤에는 어디서 약을 사요? 무조건 응급실에 가야 하는 거예요?"

다음 날, 아빠는 국민 권익 위원회에 전화를 걸었어요. 상담원은 친절하게 전화를 받았어요.

"아, 그런 불편을 겪으셨군요. 잘 알겠습니다. 야간에 모든 약국이 문을 닫는 바람에 생기는 불편을 처리할 수 있도록 노력하겠습니다."

며칠 후, 국민 권익 위원회에서 전화가 걸려 왔어요.

"약사 협회에 심야 약국을 교대로 운영하도록 권고했습니다."

행정부의 잘못으로 국민들이 피해를 입는 경우가 있어요. 그래서 생긴 게 바로 옴부즈맨 제도예요. 옴부즈맨이란 말은 '호민관'이라는 뜻을 가지고 있어요. 옛날 로마의 호민관은 평민들의 편에 서서 국가가 잘못한 일을 지적하고 고쳤대요. 옴부즈맨 제도는 국가의 잘못으로 인해 국민들이 피해를 입지 않도록 하는 역할을 하고 있어요. 우리나라에서는 '국민 권익 위원회'가 바로 이 옴부즈맨의 역할을 하고 있지요.

국민 권익 위원회

국민 권익 위원회는 부패 방지와 국민의 권리 보호를 위해 과거 국민 고충 처리 위원회와 국가 청렴 위원회, 행정 심판 위원회의 기능을 합쳐 2008년에 새롭게 탄생한 기관이에요.

해외에서 우리 국민을 보호하고 감독해요
대사관

민영이는 가족과 함께 인도로 여행을 떠났어요.

"아빠, 여기가 인도야? 우아, 정말 소가 길거리에 누워 있네. 신기하다."

"민영아, 너무 촐랑대면 안 돼. 소지품 잘 챙기고."

"예, 아빠!"

아빠는 민영이에게 몇 번이나 주의를 주고, 델리 시내에 예약해 둔 호텔로 향했어요.

그런데 이게 웬일이에요! 아빠가 당황하며 주머니를 뒤지는 게 아니겠어요.

"이, 이런! 여권을 잃어버렸구나."

"아빠, 뭐예요? 소지품을 잘 챙겨야 한다면서요!"

당황해서 어쩔 줄 몰라 하는 아빠에게 민영이가 침착하게 말했어요.

"아빠, 대사관에 연락해 봐요. 학교에서 배웠는데요, 대사관은 우리 국민들이 해외에서 사고를 당하거나 위험에 처했을 때 국민을 보호해 주는 역할을 한대요."

아빠는 바로 대사관에 전화를 걸어 도움을 청했어요.

만약 우리나라 정부가 외국 정부에 어떤 일에 대해 설명해야 하거나, 외국에 있는 우리 국민에게 문제가 생기면 어떻게 할까요? 그럴 때 정부를 대표해 현지에서 일을 처리하는 곳이 바로 대사관이에요. 그리고 외국에 설치된 대사관에 파견되어 나라를 대표해 일하는 사람들이 외교관이랍니다.

 대사, 공사, 영사

대사 : 대사관에서 제일 직책이 높은 외교관이고 국가를 대표하는 외교 사절이에요. 대사가 파견되어 있는 나라는 외교적으로 중요한 나라예요.

공사 : 대사 다음가는 외교 사절인데, 역할과 대우는 대사와 크게 다르지 않아요. 외교적으로 조금 덜 중요한 나라에는 대사 대신 공사가 파견되기도 해요.

영사 : 대사와는 달리 국가 대표 사절이 아니라 상관의 지시를 받는 공무원이고, 외국에서 우리나라 국민을 보호하고 감독하는 일을 해요. 영사는 한 대사관에 여럿 있기도 하고 정식으로 외교 관계를 맺지 않은 나라에도 파견될 수 있어요.

스포츠로 우리나라 위상을 높여요
스포츠 외교

평창 초등학교 4학년 승태가 같은 반 친구 도연이에게 전화를 걸었어요.

"도연아, 오늘 IOC(국제 올림픽 위원회) 평창 실사단이 온대. 실사단을 환영하러 시내에 나가지 않을래?"

"응? 몇 년 전에도 실사단이 오지 않았었나?"

"맞아. 이번이 세 번째래."

"뭐? 그럼 우리 평창이 동계 올림픽 유치를 세 번이나 신청했다는 거야?"

"그렇다니까. 이번에는 꼭 평창이 뽑혔으면 좋겠다."

"승태야, 한 가지 궁금한 게 있는데, 동계 올림픽을 열면 뭐가 좋은 거니?"

"응? 그, 그거야…… 뭐…….."

사실 승태도 왜 동계 올림픽을 우리나라에서 열려고 애쓰는지 잘 몰랐어요.

도연이와 승태는 IOC 평창 실사단을 환영하는 자리에 갔다가 마침 담임 선생님을 만났어요.

"선생님, 올림픽을 평창에서 하게 되면 뭐가 좋은가요?"

"이유야 여러 가지가 있는데, 올림픽을 유치하면 무엇보다 스포츠 외교를 효과적으로 할 수 있어."

"스포츠 외교요? 그게 뭔데요?"

"스포츠를 통해 다른 나라와 좋은 관계를 맺고, 우리나라의 이미지와 위상을 높이는 걸 스포츠 외교라고 해."

우리나라 스포츠 외교는 1988년 서울 올림픽을 계기로 크게 발전했어요. 서울 올림픽 기간 중에 외교 관계가 뜸했던 소련, 헝가리, 체코슬로바키아, 폴란드, 불가리아 등 동구권 국가와 상호 스포츠 교류에 관한 원칙에 합의한 뒤 우리나라는 동구권 국가들과도 활발히 교류하기 시작했답니다.

스포츠는 정치와 외교에 유리하게 활용되는 경우가 많아요. 그래서 많은 나라들이 올림픽 같은 큰 국제 경기를 열려고 하는 거예요.

 세계적인 스포츠 대회

세계 여러 나라 사람들이 함께 즐기는 큰 스포츠 대회로는 동계 올림픽, 하계 올림픽, 월드컵, 세계육상 선수권 대회 등이 있어요. 지금까지 이 대회를 모두 개최한 국가는 프랑스, 독일, 이탈리아, 일본뿐인데, 우리나라도 2018년 평창 동계 올림픽을 유치하면서 그 반열에 오르게 되었지요.

스스로 모여 모두를 위해 일해요
시민 단체

"서해안 갯벌을 무분별하게 개발하는 바람에 갯벌 생물들이 죽어 가고 있어요."

"뭐, 그런데 정부는 뭐하고 있대? 당장 정부에 서해안 갯벌을 보호해야 한다고 알리자."

"하지만 개인의 의견은 잘 전달되지 않아."

"그럼 어떻게 하지?"

"뜻이 같은 사람들끼리 힘을 모으는 게 어떨까?"

"그게 좋겠다. 우리 스스로 단체를 만드는 거야. 정부가 미처 신경 쓰지 못하고 있는 문제들을 알리고, 그 해결 방법을 함께 찾아보는 게 좋겠어."

시민 단체는 보통 이렇게 해서 생겨나요. 이런 시민 단체 활동 중에는 어린이들도 참여할 수 있는 것들이 있어요.

얼마 전, 민지와 근주는 시민 단체에서 벌이는 모금 활동에 참여했어요. 불우 이웃을 돕기 위한 모금 활동이었지요.

"시민 여러분, 끼니를 거르는 어린이들에게 급식비를 지원하고, 불우 이웃에겐 쌀을 지원해 줍시다!"

민지의 말이 끝나자 근주도 고래고래 소리를 질렀어요.

"여러분! 목표액에 가까워질수록 소외된 우리 이웃들의 마음의 온도도 점점 따뜻하게 올라갑니다. 함께 마음의 온도를 올려 주세요!"

민지와 근주의 호소에 지나치던 시민들이 하나둘 모이기 시작했어요.

시민 단체란 시민들이 스스로 모여 국가, 기업, 사회 등을 상대로 여러 활동을 하는 단체예요. 여기서 중요한 건 스스로 모였다는 점이에요. 누가 강요해서가 아니라 시민들 스스로 문제를 해결하고자 모인 것이죠. 시민 단체들은 정치, 경제, 사회, 복지, 인권 등 다양한 분야에서 활발한 활동을 벌이고 있어요. 이러한 시민 단체 활동은 정부가 정책을 결정하는 데 큰 영향을 미치기도 해요.

대표적인 시민 단체
'참여 연대', '여성 단체 연합', '청소년 폭력 예방 재단', '녹색 소비자 연대' 등이 있어요.

자신들의 이익을 위해 일하는 모임이에요
이익 단체

"이제부터는 감기약이나 상처 치료제 같은 기초적인 가정상비약은 슈퍼마켓에서도 판매할 수 있도록 법을 고치겠습니다."

정부의 발표가 있자 국민들은 대부분 환영했어요.

"우리 동네에는 약국이 하나밖에 없어서 불편했는데 정말 잘됐다."

"우리 동네는 시골이어서 약을 사려면 멀리 읍내로 나가야 했어. 이제부터 슈퍼에서도 약을 살 수 있으니까 좋네."

하지만 '대한 약사회'라고 하는 이익 단체는 펄쩍 뛰었어요.

"대한 약사회 회원 여러분! 긴급 궐기 대회를 열겠습니다. 모두 모여 주세요. 아주 중요한 일입니다."

궐기 대회에 모인 대한 약사회 회원들은 정부 정책을 비판했어요.

"약이 무분별하게 오용, 남용될 수 있어 위험합니다."

"우리 약사들은 어떻게 약국을 운영하란 말인가?"

이들은 한발 더 나아가서 다음과 같은 요구도 했어요.

"의사 처방 없이도 살 수 있는 일반 약의 수를 늘려라."

약사들은 자신들에게 불리한 정책을 막고 유리한 내용을 얻기 위해 정부에 항의했어요.

이익 단체라는 말은 미국에서 처음 생겨났어요. 1, 2차 세계 대전 이후 미국에서는 민주주의가 자리 잡으면서 여러 분야에서 다양한 목소리가 터져 나왔지요. 이들은 자신들이 속한 집단의 입장이 법이나 정책에 반영될 수 있도록 여러 가지 활동을 벌였어요. 이때부터 세계적으로 이익 단체 활동이 활발하게 이루어졌지요. 이 단체들의 활동은 정부에 직접적인 압력을 가해 정부 정책 방향에 영향을 주기도 하고, 정부가 미처 챙기지 못한, 다양한 입장의 목소리에 귀 기울일 수 있는 통로가 되기도 해요.

 시민 단체와 이익 단체

시민 단체는 사회 공동의 문제를 해결하기 위해 시민들 스스로 만든 모임인 반면, 이익 단체는 자신들이 속한 집단의 이익을 위해 활동해요.

많은 사람들이 옳다고 생각하는 방향
여론

대학 2학년인 강희가 같은 과 친구인 소희에게 말했어요.

"소희야, 나 아무래도 다음 학기는 휴학해야 할 거 같아."

"왜?"

"이번 학기 등록금을 마련할 수가 없어. 우리 부모님은 시골에서 농사를 지으시는데 500만 원이 넘는 등록금을 대 주실 형편이 안 되거든."

"그럼 앞으로 어떻게 하려고?"

"일단 일 년 쉬면서 학비를 벌어 봐야지."

"학자금 대출을 받으면 안 될까?"

"학자금 대출을 받으면 졸업한 후에도 직장에 다니면서 빌린 돈을 갚아야 하잖아. 그게 어디 쉬운 일이니?"

"대학 등록금은 왜 이렇게 비싼 걸까? 우리 집은 내 등록금 때문에 몇 년 동안 저금을 한 푼도 하지 못하고 있어."

강희와 소희 말처럼 대학 등록금이 매년 엄청나게 오르자 대학생들과 학부모들은 등록금을 마련하느라 큰 부담을 지게 되었어요. 그러자 대학생들은 촛불을 들고 거리로 나왔어요.

"등록금을 반으로 내려라!"

"정부는 현실적인 등록금 정책을 마련하라!"

시민들도 촛불을 들고 시위를 하는 대학생들을 응원해 주었어요.

"맞아, 요즘 대학 등록금이 너무 비싸. 등록금을 내려야 해."

그러자 정치인들도 사람들의 의견에 귀를 기울이기 시작했어요.

"대부분의 국민들이 그렇게 생각한다면, 대책을 마련해야지."

얼마 후, 정부에서는 2012년부터 지방 국립 대학과 서울 시립 대학의 등록금을 내릴 수 있도록 노력하겠다고 약속했어요.

여론은 어떤 문제에 대해 많은 사람들이 가지는 생각이나 의견을 말해요. 사람들이 모여 살다 보면 문제가 생기기 마련인데 그것들을 바라보는 사람들의 생각은 제각각 달라요. 그 가운데 많은 사람들이 옳다고 생각하는 방향이 바로 '여론'이에요. 여론은 정부가 정책을 만들고 실천하는 데 큰 영향을 끼쳐요. 그래서 오늘날의 민주 정치를 '여론 정치'라고도 해요.

누가 당선될지 예측해 볼 수 있어요

여론 조사

"이번 대통령 선거에서는 ○○○ 후보 지지율이 크게 앞설 것으로 여론 조사 결과 나타났습니다."

"○○○당의 지지율은 30퍼센트 정도이고, ○○당 지지율은 45퍼센트인 것으로 나타났습니다."

"우리 국민 78퍼센트가 이번 국회 의원 선거에 참여하겠다고 합니다."

선거 때면 자주 듣게 되는 이런 내용을 '여론 조사' 또는 '갤럽 조사'라고 해요. 1936년, 조지 갤럽이라는 사람은 대통령 선거에서 당선될 사람을 정확하게 예측할 수 있는 여론 조사 방법을 생각해 냈어요.

"그래! 여자와 남자, 나이, 소득 수준, 인종, 사는 지역 등을 철저하게 구분하고 구체적인 설문 기준을 만들자."

그렇게 만든 기준에 해당하는 사람들을 골라 질문을 했어요.

"이번에 출마한 대통령 후보 중 어느 후보를 지지하십니까?"

조지 갤럽의 여론 조사는 특정한 집단에 치우치지 않았어요. 그 덕분에 국민 전체의 생각이 무엇인지를 정확하게 예측해 낼 수 있었지요.

조지 갤럽은 이 여론 조사를 통해 개표를 하기 전에 루스벨트 후보가 대통령으로 당선될 것을 정확하게 맞혔어요. 그 후, 많은 사람들은 조지 갤럽의 조사를 믿기 시작했어요.

"조지 갤럽의 여론 조사는 믿을 만해."

이때부터 그의 이름을 따서 여론 조사를 '갤럽 조사'라고도 불러요.

국민의 뜻인 여론이 중요한 의미를 가지게 된 건 근대 이후 민주 정치가 발달하면서부터예요. 왕이 다스리던 시절에는 국민의 뜻보다는 왕의 뜻이 먼저였으니까요. 하지만 민주 정치가 발전하고 텔레비전, 라디오, 신문, 잡지 등과 같은 대중 매체가 발달하면서 사람들이 자신의 뜻을 표현할 수 있는 기회가 많아졌어요. 그로 인해 여론은 점점 더 큰 힘을 가지게 되었고, 정부에서도 국민의 여론을 참고하지 않을 수 없게 되었어요.

국민들에게 진실을 전해 주어야 해요
언론

　전두환 대통령은 1980년에 군대를 동원해 무력으로 정권을 잡았어요. 그런 정권이 국민들에게 지지를 받지 못한 건 당연한 일이었지요.

　"군인들이 무력으로 정권을 잡고, 정치를 하고 있다는 나쁜 이미지를 벗어 버릴 수 있는 좋은 방법이 없을까?"

　"대통령 각하, 언론을 통폐합해 버리는 게 어떨까요?"

　"언론을 통폐합하다니?"

　"텔레비전 방송이나 신문 등을 국가가 관리하는 겁니다."

"그게 가능할까? 반발이 심할 텐데."

"군인 정신으로 밀어붙이시면 됩니다."

이렇게 해서 정부는 언론을 통제하기 시작했어요. 마음에 드는 언론사만 그대로 두고, 마음에 안 드는 언론사는 강제로 문을 닫게 하거나 다른 언론사에 통합시켰어요. 언론사뿐만 아니라 출판과 관련된 모든 곳들이 피해를 입었어요. 정말 말도 안 되는 독재였죠.

"대통령 각하, 이제 언론을 통제할 수 있게 되었으니까 뉴스에 각하의 좋은 모습만 나갈 겁니다."

실제로 전두환 정권이 언론을 통제했던 시기의 9시 뉴스는 '땡전 뉴스'라고 불렸어요. 9시 시보가 땡! 하고 울리면 항상 진행자가 "전두환 대통령께서는……"이라는 말로 뉴스를 시작한 데서 유래된 말이에요. 이렇게 자신들에게 유리하게 만든 뉴스만 내보내고, 불리한 뉴스는 막았어요. 국민들의 눈과 귀를 다 막아 버린 것이죠.

오늘날 언론의 영향력은 점점 더 커지고 있어요. 대부분의 사람들은 텔레비전이나 신문, 라디오, 잡지 등의 언론을 통해 정보를 얻고 판단을 해요. 그래서 언론은 여론에 아주 큰 영향을 미쳐요. 그러므로 언론 매체는 사실을 있는 그대로 국민에게 전해 주어야 해요. 언론은 국민들의 생각과 행동을 직간접적으로 움직일 수 있는 힘이 있거든요.

 대중 매체

대중 매체는 텔레비전, 신문, 잡지, SNS와 같이 많은 사람들에게 동시에 많은 정보를 전달하는 도구예요.

4장

전 세계인이 알아야 할
지구촌 정치

6자 회담 국제 연합 아동 기금
대북 지원 일본의 역사 왜곡
국제 연합 중국의 역사 왜곡
안전 보장 이사회 반크
적십자 이집트 민주화 운동
유럽 연합

한반도 핵전쟁을 막아야 해요
6자 회담

1994년 북한과 미국은 제네바에서 회의를 했어요.

"우리 북한은 핵 개발을 중단하겠소. 그 대신 조건이 있소."

"그 조건이란 게 뭡니까?"

"북한에 경수로 발전소를 지어 주시오. 그리고 우리 북한 체제에 간섭하지 않겠다고 약속해 주시오. 그럼 우리도 핵무기 개발을 하지 않겠소."

이때 미국은 북한의 요구를 들어주기로 했어요.

"좋습니다. 그럼 서로 약속한 겁니다."

그러나 2002년 북한은 또다시 핵 개발을 시작했어요. 이로 인해 한반도에는 다시 긴장감이 감돌기 시작했지요.

"이러다 한반도에서 핵전쟁이 터지는 게 아닐까?"

"그럴지도 몰라. 정말 걱정이네."

위기감이 점점 높아지자 미국은 북한에 말했어요.

"핵을 포기하시오."

"먼저 우리 북한 체제에 간섭하지 않겠다는 불가침 조약을 체결합시다. 그런 다음에야 핵 문제를 논의하겠소."

하지만 미국은 더 이상 북한의 말을 믿지 않았어요.

'북한 체제에 간섭하지 않겠다는 불가침 조약을 맺고 나면 북한은 또 핵무기를 만들 거야.'

이때 등장한 게 바로 6자 회담이에요.

"미국과 북한만 회담을 하니까 결론이 안 나는 거 같소. 한반도를 중심으로 이해 관계가 밀접한 여섯 국가가 함께 모여 회의를 합시다. 그럼 좋은 해결책을 찾을 수 있을지 모릅니다."

6자 회담은 대한민국, 미국, 러시아, 일본, 중국, 북한, 이렇게 여섯 국가가 모여 북한 핵 문제를 논의하는 자리예요. 하지만 6자 회담은 북한의 불성실한 참여로 인해 여전히 큰 성과를 거두지 못하고 있어요. 북핵 문제는 언젠가 꼭 해결해야 해요. 그래야 한반도에 평화가 찾아올 테니까요.

배고픈 북한 사람들을 도와요
대북 지원

한반도는 남한과 북한으로 나뉘어 있어요. 남한과 북한은 한 핏줄 한 역사를 가진 민족이지만 한때 서로 총부리를 겨누고 전쟁을 했어요. 그로 인해 오랫동안 서로를 미워했지요.

그러나 1995년부터 북한을 너그럽게 감싸 안아야 한다는 생각이 널리 퍼졌어요.

"북한은 지금 가난에 허덕이고 있습니다. 북한에 식량을 지원해 줍시다."

물론 반대하는 사람들도 많았어요.

"북한은 우리의 적입니다. 왜 식량을 지원해 주어야 합니까?"

"맞는 말씀입니다. 북한 권력자들의 야심은 경계해야 합니다. 하지만 배고픈 아이들과 가난한 북한 주민들이 무슨 죄가 있겠습니까?"

"북한에 각종 지원을 해 주고, 교류를 꾸준히 하다 보면 남북 관계가 더 좋아지고, 북한을 변화시키는 데 큰 도움이 될 겁니다."

이런 생각이 널리 퍼지면서 우리 정부는 대북 지원을 하기 시작했어요.

그러나 북한은 민간인들에게 주라고 지원해 준 식품을 군대로 빼돌리기도 했어요.

"우리는 북한의 군대를 위해 밀가루를 지원한 게 아닙니다. 우리가 지원해 준 밀가루가 가난한 어린이들에게 잘 전달되고 있는지 확인하게 해 주시오."

"정 그렇다면 좋소. 직접 와서 확인해 보시오."

현재 북한은 경제난, 식량난 등으로 매우 어려운 상황에 처해 있어요. 이렇게 어려운 시기에 북한에 식량이나 의약품 등을 지원해 주면 북한 주민들은 우리에게 고마움을 느낄 거예요. 또 우리나라가 북한보다 경제적으로 윤택하다는 것도 알게 되겠지요. 그러다 보면 결국 북한 주민들도 마음을 열게 될 거예요.

 햇볕 정책

남북한 간의 긴장 관계를 줄이고 북한의 문을 열기 위해 김대중 정부가 추진하였던 북한에 대한 대외 정책이에요. 김대중 전 대통령은 이 정책의 결과로 2000년에 노벨 평화상을 받기도 했어요.

전쟁 없이 모두가 잘사는 세상을 위하여
국제 연합

1914년 제1차 세계 대전이 터졌어요. 많은 나라가 이 전쟁에 참가했고, 수많은 사람들이 목숨을 잃었어요.

"이제 다시는 이런 무시무시한 전쟁이 일어나지 않겠지?"

"당연하지. 전쟁이 얼마나 무서운지 모두들 똑똑히 알게 되었잖아."

하지만 1939년, 제2차 세계 대전이 일어났어요. 이 전쟁으로 또 4,000만 명이 넘는 사람들이 목숨을 잃었어요.

두 차례의 전쟁으로 수많은 사람들이 목숨을 잃고, 국토가 황폐해지자 여기저기서 앞날을 걱정하는 목소리가 터져 나왔어요.

"이러다가 제3차 세계 대전이 일어난다면 지구는 멸망하고 말 거야."

"그러게 말이야. 지금처럼 각 나라가 자기 나라 이익만 생각하다가는 전쟁이 또 일어날 거야. 지금이라도 무슨 대책을 세워야 해."

"국제적인 협력 단체를 만드는 게 어떨까?"

이런 마음들이 모여 1945년 6월 26일, 세계 50개 국가의 대표들이 미국 샌프란시스코에 모였어요.

"국제 협력 단체의 이름을 '국제 연합'이라고 합시다. 그리고 국제 연합은 앞으로 세계 평화와 전쟁 방지를 위해 노력합시다."

"국제 연합은 세계 모든 나라들이 사회, 문화, 정치, 경제 모든 분야에서 서로 협력을 할 수 있도록 돕는 단체가 되어야 합니다."

"좋습니다. 뜻을 함께하는 나라의 대표들은 이곳에 서명을 해 주세요."

이렇게 해서 국제 연합 본부는 미국 뉴욕에 세워졌고, 이후 매년 10월 24일을 국제 연합의 날로 기념하고 있어요.

2012년 현재 국제 연합에는 190여 개 나라가 회원국으로 가입되어 있어요. 지구 상의 거의 모든 국가가 국제 연합의 회원인 셈이죠. 국제 연합은 국제 관계에서 아주 중요한 역할을 담당하는 국제 기구예요. 국가 간에 일어나는 문제를 중재하며 세계 평화를 위해 노력하고 있답니다.

 **사무총장**

국제 연합 사무총장은 세계 최고의 외교관으로, 국제 사회에서 국가 원수와 같은 예우를 받아요. 2007년에 우리나라 출신의 반기문 씨가 사무총장으로 당선되었어요.

안전 보장 이사회

한 나라라도 반대하면 통과시킬 수 없어요

국제 연합이 처음 만들어졌을 때 회원국들은 국제 연합을 앞장서서 이끌어 갈 나라를 정해야 한다고 생각했어요. 그래서 안전 보장 이사회를 구성할 다섯 나라를 뽑기로 했어요.

"그런데 이 많은 회원국들 중에서 어떤 기준으로 다섯 나라를 뽑지요?"

"세계 대전을 일으킨 독일이나 일본 같은 나라에는 맡길 수 없습니다."

"당연하지요. 제2차 세계 대전을 승리로 이끈 나라들이 안전 보장 이사회가 되어야 한다고 생각합니다."

"제 생각에는 국제 연합을 만들 때 적극 참여하고 후원해 준 나라들에 맡기는 게 좋을 거 같습니다."

"좋습니다. 그리고 여러 지역에서 고르게 뽑읍시다."

이렇게 해서 프랑스, 영국, 미국, 러시아, 중국 등 세계 5대 강국이 국제 연합 안전 보장 이사회의 상임 이사국이 되었어요.

2004년 10월, 이스라엘과 팔레스타인의 무력 충돌이 일어났어요. 이스라엘 군인들이 쏜 총에 수많은 팔레스타인 민간인들이 목숨을 잃자 국제 연합은 다음과 같은 결의안을 채택했어요.

"국제 연합은 이스라엘 군이 지금 당장 팔레스타인 가자 지구에서 철수할 것을 요구합니다."

그런데 상임 이사국 중 하나인 미국이 거부권을 행사하는 바람에 이 결의안은 채택되지 못했어요.

안전 보장 이사회는 새로운 국가가 국제 연합에 들어오고 싶어 할 때나, 국제 연합의 사무총장을 뽑을 때, 군대를 파병할 때 거부권을 행사할 수 있어요. 다섯 개 나라 중 어느 한 곳이라도 거부권을 행사하면 다른 국제 연합 회원국들이 찬성했더라도 그 결의안은 물거품이 되고 말아요. 자국의 이해 관계에 따라 거부권을 쓰는 일이 잦자, 거부권을 폐지하자는 주장도 나오고 있어요.

 안전 보장 이사회

안전 보장 이사회는 5개 상임 이사국과 10개 비상임 이사국으로 이루어져 있어요. 상임 이사국의 임기는 정해져 있지 않고, 비상임 이사국의 임기는 2년이에요.

아군과 적군을 가리지 않고 부상자를 치료해요
적십자

1859년 스위스의 청년 사업가 앙리 뒤낭은 이탈리아 북부의 솔페리노 지방을 여행하고 있었어요.

"이보게, 젊은이! 이 지역을 여행하는 건 위험하네."

마차를 타고 지나가던 한 노인이 앙리 뒤낭에게 말했어요.

"프랑스-사르데냐 연합군과 오스트리아 군 사이에 전투가 있었어. 이 전투로 많은 사람이 죽고 부상을 입었다네."

하지만 뒤낭은 여행을 계속했어요. 그러다 한 마을에서 비참한 광경을 직접 보게 되었어요.

"아, 내 팔! 내 팔이 어디 갔지?"

"으악! 차라리 죽는 게 더 낫겠어!"

전쟁에서 부상을 입은 사람들이 거리에 널려 있었어요. 뒤낭은 여행을 그만두고 마을에 머물러 아군과 적군을 가리지 않고 부상병들을 돌봐 주었어요.

그 후 스위스로 돌아온 뒤낭은 솔페리노 전투의 모습을 담은 《솔페리노의 회상》이라는 책을 펴냈어요. 1862년 11월에 출판된 이 책은 많은 사람들의 관심을 끌었어요. 이 책에서 뒤낭은 이렇게 말했어요.

"전쟁에서 부상을 입은 군인들을 돌봐 줄 수 있는 국제적인 단체를 만들어야 합니다. 그리고 각 나라는 전쟁을 하다 다친 군인들을 아군과 적군으로 나누지 말고 정성껏 치료해 주기로 조약을 맺어야 합니다."

이와 같은 뒤낭의 뜻에 따라 국제 적십자가 만들어졌어요.

흰 바탕에 붉은 십자가를 그려 넣은 적십자의 상징 문양은 뒤낭의 조국인 스위스의 국기(붉은 바탕에 흰 십자 상징)의 색깔을 바꿔 적십자의 상징으로 삼은 것이에요. 이슬람 국가에서는 십자가가 기독교의 상징과 같다는 이유로 십자가 대신 초승달을 적십자의 상징으로 사용하지요. 전쟁 중이라 하더라도 적십자의 붉은 십자가(적십자)나 붉은 달(적신월) 상징이 찍힌 차량이나 시설을 공격하면 안 돼요.

오늘날 적십자는 전쟁 때가 아니더라도 구호 활동과 사회봉사, 헌혈 등 다양한 봉사 활동을 펼치고 있답니다.

유럽의 나라들이 한 나라처럼 지내요
유럽 연합

제2차 세계 대전에서 승리한 연합군에게는 고민이 하나 있었어요.

"독일이 루르 지방의 석탄과 철강을 개발하게 두어선 안 돼."

"맞아, 돈을 모아 독일이 또 전쟁을 일으킬지 몰라."

"하지만 그렇다고 루르 지방에 묻혀 있는 엄청난 양의 석탄과 철강을 개발하지 않고 그냥 내버려 둘 수는 없지 않습니까?"

그러던 어느 날, 유럽의 여러 국가들은 좋은 생각을 해냈어요.

"그래! 독일 혼자 개발하는 건 위험하니까 우리 모두 손을 잡고 함께 개발하도록 합시다."

"오, 그거 좋은 생각이네요. 국경선을 가까이 하고 있는 나라끼리 협력을 하면 더 잘살 수 있을 겁니다."

이렇게 해서 독일 루르 지방의 석탄과 철강을 공동 개발하기 위해 독일, 프랑스, 이탈리아, 네덜란드, 벨기에, 룩셈부르크가 1951년 '유럽 석탄 철강 공동체'를 만들었어요. 유럽 석탄 철강 공동체의 사업은 날이 갈수록 번창했어요.

"서로 힘을 합치니까 정말 좋네요."

이후 유럽의 여러 나라들은 다양한 종류의 공동체를 만들어 서로 협력하기 시작했어요. 그러다 1991년에는 마침내 '유럽 연합'을 만들게 되었지요.

"앞으로 유럽의 나라들은 서로 연합하여 한 나라처럼 지냅시다. 유럽 연합에 속한 나라의 국민들은 이웃 나라를 마음대로 오갈 수 있도록 합시다. 그리고 모두 '유로'라고 하는 공통 화폐를 쓰기로 약속합시다."

유럽 연합이 만들어진 뒤 유럽인들의 삶은 크게 달라졌어요. 주변국과 전쟁을 할지도 모른다는 두려움에 시달리지 않게 되었고, 주변 나라와 함께 여러 가지 문제점을 해결해 나갈 수 있게 되었지요.

그런데 최근 유럽 연합에 큰 위기가 닥쳤어요. 그리스, 이탈리아, 스페인 등의 경제가 어려워지면서 유럽 연합에 속한 다른 나라들도 함께 그 부담을 떠안게 되었거든요. 과연 유럽 연합은 어떻게 이 위기를 극복해 나갈까요?

전 세계 모든 어린이가 행복해야 해요
국제 연합 아동 기금

알파니는 아프리카 가봉에 살고 있는 열 살 어린이예요. 알파니네 아빠는 사고로 병석에 누워 있고, 엄마가 허드렛일을 해서 겨우겨우 생활비를 벌고 있지요. 알파니도 작년부터 담배 농장에서 일을 하고 있어요.

"알파니야, 오늘 중으로 밀린 빨래 다 해 놔라."

농장 주인은 설거지를 하고 있던 알파니에게 말했어요.

농장에서 일하는 사람들은 수십 명이에요. 이들이 벗어 놓은 작업복을 일일이 손으로 다 빨려면 적어도 서너 시간은 걸리지요.

점심때가 되었지만 누구도 알파니에게 식사하라는 말을 하지 않았어요. 알파니는 주인집 식구들이 밥을 다 먹고 밖으로 나가면 그들이 남긴 밥으로 끼니를 때우곤 해요.

"뭘 꾸물거리고 있니? 빨리 청소를 해야지."

알파니는 어린 나이에 밥도 제대로 먹지 못하고 매일 고된 노동을 했어요. 그 바람에 병까지 걸렸지요. 하지만 병원에 갈 돈이 없어 병을 치료하지 못하고 있어요.

세계 곳곳에는 알파니처럼 비참하게 살고 있는 어린이들이 아주 많아요. 아프리카 콩고에는 오랜 내전으로 많은 어린이들이 극심한 영양실조에 시달리고 있어요. 아프카니스탄에는 전쟁으로 부모와 집을 잃고 거리에서 구걸을 하는 어린이들이 넘쳐 나고 있지요.

국제 연합 아동 기금(유니세프)은 1946년, 어려움에 처한 세계 곳곳 아이들을 돕기 위해 만들어진 국제 기구예요. 국적, 인종, 이념, 종교, 성별 등과 상관없이 도움이 필요한 어린이가 있는 곳이면 어디든지 달려가 도움의 손길을 전하고 있어요.

국제 연합 아동 기금은 각국 정부와 개인이 기부한 돈으로 활동비를 마련하고 있어요. 마음만 먹으면 누구나 국제 연합 아동 기금 홈페이지를 통해 어려움에 빠진 어린이들을 도울 수 있어요. 전화를 걸어 아주 작은 돈도 기부할 수도 있고, 집에 안 쓰는 외국 화폐가 있으면 택배나 우편으로 보내도 좋고, 홈페이지에서 판매하는 물건을 살 수도 있어요.

독도를 자기네 땅이라고 우기면 안 돼요
일본의 역사 왜곡

1952년, 독도를 두고 한국과 일본 간의 분쟁이 본격적으로 시작되었어요. 일본은 독도의 역사와 분쟁 문제를 연구하는 사람들에게 많은 지원을 했어요.

"독도가 우리 일본 땅이라는 증거를 찾아내 주시오."

"하지만 마땅히 내세울 만한 증거가 없는데요?"

"억지로라도 증거를 만들어 주시오. 독도를 얻으면 경제적, 정치적으로 얼마나 큰 이익인 줄 아시오?"

"알겠습니다."

이때부터 일본 정치인들은 역사를 왜곡하기 시작했어요.

"고대 일본이 이미 한반도를 지배하고 있었다."

"백제, 신라, 가야는 일본의 식민지였다. 가야 땅에 일본 정부인 '임나 일본부'를 두었다."

일본은 이런 엉터리 주장들을 쏟아 내었어요. 고대에 한반도에 있던 나라들보다 문화 수준이 뒤떨어져서 도움을 받던 일본이 한반도의 나라들을 식민지로 두었다니, 말도 안 되는 이야기지요.

이뿐이 아니에요. 일본은 과거에 한국을 식민지로 삼아 지배하며 저지른 죄를 전혀 뉘우치지 않고 있어요. 오히려 뻔뻔한 주장을 되풀이하고 있지요.

"우리가 36년 동안 한국을 식민지로 만든 덕분에 한국은 과학과 산업 기술이 발전할 수 있었다."

일본 정치인들은 이런 잘못된 내용을 교과서에 싣기까지 했어요.

이런 일본의 역사 왜곡에 대해 우리는 어떻게 해야 할까요? 무엇보다 어렸을 때부터 우리 역사에 관심을 가지고 공부해야 해요. 그래야 무엇이 진실인지 확실하게 알 수 있으니까요. 그리고 대한민국의 미래를 생각하면서 일본의 역사 왜곡에 대해 현명하게 대응해 나가야 할 거예요.

 일본의 역사 교과서 왜곡

1997년 일본에서는 '새로운 역사 교과서를 만드는 모임'이 결성된 이후 노골적으로 왜곡된 역사 교과서를 만들어 학생들을 가르치고 있어요.

고구려가 중국의 나라였다고요?
중국의 역사 왜곡

2001년 6월, 중국의 한 대학에 공산당 간부가 찾아왔어요.

"실례합니다. 이 대학에서 역사를 가르치고 있는 진 교수님입니까?"

"그렇습니다만, 누구시죠?"

공산당 간부는 간단하게 자기 소개를 끝내고, 동북공정 프로젝트에 참여해 달라고 부탁을 했어요.

"동북공정이 뭡니까?"

"간단하게 말해서 중국의 국경 안에서 전개되었던 모든 역사를 중국의 역사로 만드는 연구 프로젝트입니다."

"무슨 말씀이신지? 좀 더 구체적으로 설명해 주십시오."

"예를 들면 고구려가 우리 중국의 옛 나라였다고 역사를 바꾸는 겁니다."

"네에, 그게 말이 됩니까? 고구려는 분명 대한민국의 옛 나라잖아요."

"하지만 지금은 우리 중국의 국경선 안에 옛 고구려의 땅이 있잖아요. 그러니까 고구려를 우리 중국의 역사였다고 해도 되는 것이지요."

"제가 생각할 때 그건 명백한 역사 왜곡입니다. 왜 이런 연구를 하는지 여쭤 봐도 될까요?"

"한반도가 통일되면 대한민국과 영토 분쟁이 일어날 가능성이 있습니다. 고구려와 발해가 자기들 땅이었다고 주장할 게 뻔하지요. 그러니 미리 발해와 고구려를 우리 중국의 역사에 포함시켜 놓으면 좋지 않겠습니까?"

공산당 간부의 설명을 다 들은 진 교수는 고개를 가로 저었어요.

"죄송합니다. 저는 학자의 양심상 절대 동북공정에 참여할 수 없습니다."

동북공정은 현재의 중국 국경 안에서 생겨났던 모든 역사를, 즉 다른 나라 역사까지 중국 역사로 만들기 위해 중국이 추진하고 있는 역사 왜곡 계획을 말해요. 중국 정부는 고조선, 고구려, 발해 등 우리 옛 나라의 역사를 슬그머니 중국 역사의 하나로 끼워 넣었어요. 그리고 2004년 7월에는 자기들 마음대로 고구려 유적을 유네스코 세계 문화유산 목록에 중국 이름으로 올렸지요. 이에 우리나라는 2006년 동북아 역사 재단을 만들어 중국의 역사 왜곡에 대응하고 있어요.

어린이들도 정치에 참여할 수 있어요
반크

"흠흠, 나도 오늘부터 정치를 하기로 했어."

지석이가 으스대자 현수는 비웃었어요.

"말도 안 되는 소리 좀 하지 마. 우린 지금 5학년인데 무슨 정치를 하냐? 선거권도 없는데."

"너, 내 말을 못 믿겠다는 거야?"

"당연하지."

"좋아, 그럼 오늘 학교 끝나고 우리 집으로 와."

방과 후, 현수는 지석이네 집으로 놀러갔어요.

"뭐야? 네 방에서 정치를 한다는 거야?"

"그렇다니까. 잘 봐."

지석이는 컴퓨터를 켜고, 현수에게 가까이 오라는 손짓을 했어요.

"반크? 이게 뭐야?"

"반크는 한국을 알고 싶어 하는 전 세계 누리꾼들에게 이메일을 보내 한국에 대해 알리는 사이버 외교 사절단이야."

"넌 여기서 어떤 일을 하는데?"

"예를 들어, 아직 동해를 일본해로 아는 사람들이 많아. 난 이런 외국인들에게 동해로 표기하는 게 맞다는 걸 알리지. 어때? 이제 내 말을 믿겠지?"

"와, 지석아, 나도 반크에 가입할 수 있을까?"

"물론이지."

반크는 인터넷상에서 한국과 한국인에 대해 바르게 홍보하기 위해 만들어진 사이버 외교 사절단이에요. 온라인을 통해 외국인 펜팔 친구를 사귀어 한국의 이미지를 전 세계에 전파하자는 취지로 1999년에 만들어졌어요. 반크라는 이름보다 '동해, 독도를 되찾은 단체'로도 널리 알려져 있지요. 그동안 독도, 동해 표기를 바로잡고 우리나라 역사에 대해서 잘못 표기한 내용을 바로잡는 일도 해 왔어요.

국민을 못살게 구는 독재자는 쫓겨나요
이집트 민주화 운동

인터넷을 검색하던 무하마드는 깜짝 놀라 친구들을 불렀어요. 무하마드는 이집트의 한 대학에서 정치학을 공부하고 있는 대학생이에요.

"애들아, 이리 와 봐. 튀니지에서 혁명이 일어나서 24년 동안 독재 정치를 해 온 대통령이 자리에서 물러나고 사우디아라비아로 망명했대."

"실업자는 넘쳐나지, 물가는 오르지. 그러니 혁명이 일어날 수밖에!"

"맞아, 게다가 튀니지의 벤 알리 대통령은 부정부패가 심했잖아."

친구들은 인터넷을 보며 저마다 한마디씩 했어요.

이집트의 국민들은 페이스북이나 트위터 등을 통해 튀니지 혁명에 대한 소식을 실시간으로 전했어요.

"애들아, 이건 튀니지만의 문제가 아니야. 우리 이집트의 대통령인 무바라크는 1981년부터 아직까지도 정권을 잡고 있어."

무하마드는 주먹을 꼭 쥐고 말했어요. 그러자 친구들도 거들었어요.

"독재 정권이 너무 오랫동안 정권을 잡고 있었어. 그로 인해 우리 이집트 국민들은 큰 고통을 받고 있지."

"우리도 가만히 있으면 안 돼. 튀니지 국민들처럼 반정부 시위를 펼쳐 독재자 무바라크를 몰아내야 해."

흥분한 무하마드와 그의 친구들은 거리로 나갔어요.

"애들아, 저기 봐. 수많은 시민들이 벌써 광장에 모여 있어."

광장에 모인 시민들은 한목소리로 외쳤어요.

"국민들을 탄압하는 독재자는 물러나라!"

"자유 민주 선거를 통해 새로운 대통령을 뽑자!"

이집트에서 일어난 반정부 시위로 인해 수많은 사람들이 다쳤어요. 하지만 이집트 국민들의 힘은 위대했어요. 결국 독재자 무바라크를 대통령 자리에서 물러나게 했거든요.

이후 알제리, 리비아 등 여러 중동 나라에서 민주화 바람이 거세게 불기 시작했어요. 각국의 국민들은 거리로 몰려나와 목숨을 걸고 시위를 펼쳤어요. 2010년 튀니지에서 시작된 중동의 민주화 운동은 서아시아와 아프리카에까지 퍼져 나가고 있답니다.

행정부의 기능과 역할

행정부는 국가의 통치 기구로서, 국가의 행정권을 담당하는 최고 합의 기관인 내각 또는 거기에 딸린 정부 각 부처의 기구를 뜻해요. 대한민국 제17대 정부의 행정부 조직은 15부 2처 18청 2원 3실 7위원회(2011년 12월 31일 기준)로 되어 있어요. 행정부 우두머리인 대통령이 바뀔 때마다 정부 조직의 이름이나 역할이 조정되기도 하지만 큰 틀은 변하지 않아요.

정부 조직도

대통령

대통령은 국가를 대표해서 나라를 책임지고 이끌어 가는 국가 원수이자 최고 책임자예요. 그러므로 다른 나라와 중요한 조약을 체결할 수도 있고 국민들을 보호하기 위해 국군을 지휘하고 통솔하는 권한도 있지요.
또 나라 살림을 책임지는 행정부를 통솔하고 국무총리와 대법원장을 임명하는 권한, 죄를 지은 사람을 사면할 수 있는 권한도 있어요.
우리나라는 이런 막강한 권한을 가진 대통령을 대통령 직선제에 의해 국민들이 직접 뽑아요. 임기는 5년이고 두 번 할 수는 없어요.

대통령 직속 기관
대통령실 : 대통령이 하는 일들을 보좌
감사원 : 결산 확인, 국가 예산 회계 검사, 정부 기구 감시 및 감독, 공무원 직무 감찰 등
국가 정보원 : 국가 안전 보장에 관련되는 정보 업무 및 범죄 수사 정보 수집 등
방송 통신 위원회 : 방송 정책 및 규제, 통신 서비스 정책과 규제를 총괄
국가 과학 기술 위원회 : 우리나라의 과학 기술 및 연구 개발 정책을 총괄
원자력 안전 위원회 : 원자력 안전을 담당.

- **국가 인권 위원회** : 개인이 가지는 불가침의 기본적 인권을 보호하고 그 수준을 향상시킴으로써 인간의 존엄과 가치를 구현하고 민주적 기본 질서를 확립
입법·사법·행정부 등 어느 곳에도 속하지 않는 국가 독립 기구이자 상설 기구로서 정권 교체와 관계없이 존속되는 기구

국무총리

국무총리는 행정부에서 대통령 다음으로 높은 사람이에요. 대통령을 도와서 행정 부처를 이끌고, 대통령이 없을 때에는 대통령의 역할을 대신하지요.

국무총리 직속 기관
국무총리실 : 국무총리가 하는 일들을 보좌
법제처 : 정부의 법제 행정 전반에 관한 정책의 수립·추진, 법령안·조약안의 심사, 법령에 대한 해석, 법령 홍보 및 자치 입법 지원 등
국가 보훈처 : 국가 유공자와 유족에 대한 보훈, 제대 군인에 대한 지원 사업, 보훈 사무
공정 거래 위원회 : 독점이나 불공정한 거래에 관한 사안을 심의, 의결
금융 위원회 : 금융 관련 주요 사항 심의 및 의결, 금융 감독원 지도 감독
국민 권익 위원회 : 억울한 일을 당했을 때 국민의 권리와 이익을 보호
특임 장관실 : 대통령이 특별히 지정하는 사무 또는 대통령의 명을 받아 국무총리가 특히 지정하는 사무를 수행

 **15부**

행정부는 엄청나게 많은 나라의 살림을 전문적이고 능률적으로 운영하기 위해 15부로 나뉘어 있어요. 각 부의 최고 책임자는 장관이고 국무 회의에 참석하지요. 국무 회의에서는 정부의 권한에 속하는 주요 정책들을 심의해요.

기획 재정부 www.mosf.go.kr
중·장기 경제 발전 방향을 수립하고 총괄 조정, 전략적 재원 배분과 배분된 예산의 성과에 대한 평가, 조세 정책과 제도의 기획·입안 및 총괄·조정, 정부 회계와 국가 채무 관리 총괄, 외국환과 국제 금융에 관한 정책을 총괄하는 부서

교육 과학 기술부 www.mest.go.kr
과학 기술의 발전 및 학교 교육, 평생 교육, 학술 연구에 관한 일 등 교육과 관련된 모든 일을 맡아 하는 부서

외교 통상부 www.mofat.go.kr
외국과의 통상 교섭에 관한 총괄·조정, 외국과의 조약과 국제 협정, 외국에 사는 교민 보호와 지원, 이민 업무 등을 하는 부서

통일부 www.unikorea.go.kr
통일 및 남북 대화·교류·협력에 관한 기본 정책 수립, 기획의 종합·조정, 통일 교육, 기타 통일에 관한 일을 하는 부서

법무부 www.moj.go.kr
검찰에 대한 지휘 감독, 출입국 관리, 기타 법무에 관한 일을 하는 부서

국방부 www.mnd.go.kr
국방에 관한 군정과 군령, 군사 업무를 하는 부서

행정 안전부 www.mopas.go.kr
정부 조직 관리, 공무원 선발과 근무 등에 관한 일과 정부 부처의 설치, 훈장·표창 수여, 정부 청사 건축 등의 사무와 치안(경찰), 재난 방지, 민방위, 선거, 지방 자치 등의 일을 하는 부서

문화 체육 관광부 www.mcst.go.kr
국정에 대한 국내외 홍보 및 여론 조사, 정부 발표를 관리하고 문화와 예술, 방송 행정, 청소년 육성, 체육 발전 등에 관한 일을 맡아 보는 부서

농림 수산 식품부 www.mifaff.go.kr
농업, 축산, 산림에 관한 사무 및 항만 건설, 해양 환경 보전, 해양 자원 조사, 수산업 지원 육성 등 바다에 관한 일, 식품 안전 업무 등을 하는 부서

지식 경제부 www.mke.go.kr
산업 육성과 무역 및 투자 유치, 에너지·자원 정책, 국가 R&D 정책 업무, 정보 통신 및 우정 사업을 주관하는 부서

보건 복지부 www.mw.go.kr
보건·식품·의학 정책, 사회 복지, 공적 부조, 의료 보험, 국민연금, 가정 복지에 관한 업무를 하는 부서

환경부 www.me.go.kr
자연 환경과 생활 환경의 보전 및 환경 오염 방지에 관한 일을 하는 부서

고용 노동부 www.moel.go.kr
노동 조건의 기준, 직업 안정 및 직업 훈련, 실업 대책, 근로자의 복지 후생, 노사 관계의 조정 및 기타 노동에 관한 사무를 보는 부서

여성 가족부 www.mogef.go.kr
여성 정책 기획, 영유아 보육 사업, 성폭력·가정 폭력 방지, 성매매 방지, 여성 인력 개발과 경쟁력 확보 등 여성의 지위 향상과 남녀 차별 개선을 위한 일을 하는 부서

국토 해양부 www.mltm.go.kr
국토 종합 계획의 수립, 국토 및 수자원의 이용 및 개발, 도시·도로 및 주택의 건설, 해안·하천·항만 및 간척, 해운·철도 및 항공, 해양 조사와 개발 등을 담당하는 부서

 18청

청은 여러 행정 부서의 산하 기관이에요. 주로 특별한 행정을 집행하는 업무를 하지요. 청의 책임자는 차관급이에요.

국세청 www.nts.go.kr
내국세의 부과·감면 및 징수에 관한 일을 하는 기획 재정부 산하 기관

관세청 www.customs.go.kr
관세의 부과·감면·징수와 수출입품의 통관 및 밀수 단속에 관한 사무를 관장하는 기획 재정부 산하 기관

조달청 www.pps.go.kr
정부가 필요로 하는 물자의 구매·공급 및 관리에 관한 사무와 정부의 주요 시설 공사 계약에 관한 일을 하는 기획 재정부 산하 기관

통계청 www.kostat.go.kr
통계의 기준 설정과 인구 조사 및 각종 통계에 관한 일을 하는 기획 재정부 산하 기관

검찰청 www.spo.go.kr
범죄의 수사와 공소 제기에 관한 검찰 사무를 하는 법무부 산하 기관으로, 대검찰청·고등 검찰청 및 지방 검찰청으로 나뉨.

병무청 www.mma.go.kr
징집·소집 및 기타 병무 행정에 관한 일을 하는 국방부 산하 기관

방위 사업청 www.dapa.go.kr
방위력 개선 사업, 군수품 조달 및 방위 산업 육성에 관한 일을 하는 국방부 산하 기관

경찰청 www.police.go.kr
치안, 방범, 범죄 수사 등에 관한 일을 하는 행정 안전부 산하 기관

소방 방재청 www.nema.go.kr
각종 재난으로부터 국토를 보존하고 국민의 생명, 신체 및 재산을 보호하기 위하여 국가의 재난 및 안전 관리 체제를 확립하는 일을 하는 행정 안전부 산하 기관

문화재청 www.cha.go.kr
우리나라의 문화재 보호 및 관리에 관한 일을 하는 문화 체육 관광부 산하 기관

농촌 진흥청 www.rda.go.kr
농촌 진흥을 위한 시험·연구 및 농민의 지도와 농촌 지도자의 수련에 관한 일을 하는 농림 수산 식품부 산하 기관

산림청 www.forest.go.kr
산림의 보호 육성, 산림 자원의 증식, 임산물 이용에 관한 일을 하는 농림 수산 식품부 산하 기관

중소기업청 www.smba.go.kr
중소기업의 보호 육성에 관한 일을 하는 지식 경제부 산하 기관

특허청 www.kipo.go.kr
특허 및 실용 신안, 의장, 상품에 관한 일을 하는 지식 경제부 산하 기관

식품 의약품 안전청 www.kfda.go.kr
의약품의 안전 관리를 위한 일을 하는 보건 복지부 산하 기관

기상청 www.kma.go.kr
기상에 관하여 관측, 조사 및 연구를 하는 환경부 산하 기관

해양 경찰청 www.kcg.go.kr
해양에서의 경찰 업무 및 오염 방제에 관한 일을 하는 국토 해양부 산하 기관

행정 중심 복합 도시 건설청 www.macc.go.kr
행정 중심 복합 도시 건설 사업을 총괄·조정하고, 예정 지역 안에서의 행위 허가 및 건축 사무, 도시 계획의 수립 등에 관한 모든 일을 하는 국토 해양부 산하 기관

유래를 통해 배우는 초등 사회 6 정치
그래서 이런 정치가 생겼대요

초판 발행 _ 2012년 8월 10일
초판 7쇄 발행 _ 2019년 6월 21일

글쓴이 _ 우리누리
그린이 _ 김경호
발행인 _ 이종원
발행처 _ 길벗스쿨
출판사 등록일 _ 2006년 6월 16일
주소 _ 서울시 마포구 월드컵로 10길 56 (서교동)
대표전화 _ Tel (02)332-0931 / 팩스 _ (02)323-0586
홈페이지 _ www.gilbutschool.co.kr | 이메일 _ gilbut@gilbut.co.kr

기획 및 책임편집 _ 김언수
제작 _ 이준호, 손일순, 이진혁 / 영업마케팅 _ 진창섭, 강요한 / 웹마케팅 _ 박정현, 구자연 / 영업관리 _ 정경화
독자지원 _ 송혜란, 홍혜진 / 편집진행 _ 고재은 / 표지 디자인 _ 이현주 / 본문 디자인 _ 미르
CTP 출력 및 인쇄 _ 상지사피앤비 / 제본 _ 신정제본

ⓒ 우리누리, 김경호 2012

잘못된 책은 구입한 서점에서 바꿔 드립니다.
이 책에 실린 모든 내용, 디자인, 이미지, 편집 구성의 저작권은 길벗스쿨과 지은이에게 있습니다.
허락 없이 복제하거나 다른 매체에 옮겨 실을 수 없습니다.
ISBN 978-89-6222-791-8 (73340)
       978-89-6222-378-1 SET
       (길벗스쿨 도서번호 200189)

독자의 1초를 아껴주는 정성 길벗 출판사

(주)도서출판 길벗 | IT실용, IT/일반 수험서, 경제경영, 취미실용, 인문교양(더퀘스트) www.gilbut.co.kr
길벗이지톡 | 어학단행본, 어학수험서 www.eztok.co.kr
길벗스쿨 | 국어학습, 수학학습, 어린이교양, 주니어 어학학습, 교과서 www.gilbutschool.co.kr